ROSSELLA PRUNETI

MAMME IN FORMA

Come rimanere in forma prima,

durante e tra una gravidanza e l'altra

Titolo

"MAMME IN FORMA"

Autore

Rossella Pruneti

Editore

Bruno Editore

Sito internet

www.brunoeditore.it

 Le strategie riportate in questo libro sono frutto di anni di studi e specializzazioni, quindi non è garantito il raggiungimento dei medesimi risultati di crescita personale o professionale. Il lettore si assume piena responsabilità delle proprie scelte, consapevole dei rischi connessi a qualsiasi forma di esercizio. Il libro ha esclusivamente scopo formativo.

Sommario

Il libro affronta argomenti relativi al fitness in gravidanza. Per quanto verranno riportate le informazioni essenziali sulla gravidanza e forniti vari dati scientifici, questo libro **non** intende essere una guida alla gravidanza o un testo medico di "ostetricia per profani". Ha un punto di vista molto preciso e particolare, se si vuole "limitato", ma non per questo privo di un'ampia portata: il fitness. La trattazione è di natura generale con uno scopo esclusivamente informativo. È basata sull'esperienza personale dell'autrice come atleta e come istruttrice/personal trainer abbinata a ricerche da lei condotte sulla relativa letteratura scientifica nelle banche dati online.

L'autrice si è impegnata a rendere il libro chiaro, aggiornato, facilmente comprensibile senza "terrorismo culturale". Tuttavia non si possono escludere eventuali omissioni ed errori, come anche possibili difficoltà interpretative da parte delle lettrici. Nella raccolta delle informazioni è stata adottata la massima scrupolosità: però si ricorda che l'autrice non è un medico. Inoltre occorre sempre ricordare che la medicina è una scienza e, come tale, in costante evoluzione. Ancora più importante è il fatto che ogni paziente è unico nelle sue caratteristiche di salute e di patologia. Perciò *solo al proprio medico o ginecologo* spetta ogni conclusione diagnostica e terapeutica. Egli dovrebbe essere sempre consultato anche prima di intraprendere qualsiasi programma d'allenamento o di seguire uno schema alimentare. Una volta ottenuto il nullaosta del medico, solo impegno, determinazione e grande forza di volontà, unite alla conoscenza delle strategie corrette, potranno dare risultati. Se non ci si impegna, ma piuttosto si bara con se stesse, non ci si può aspettare alcun miglioramento.

Chi è l'autrice

Rossella Pruneti entrò in una palestra di cultura fisica nel 1987, appena diciassettenne, e da lì, racconta, sposò il bodybuilding con un matrimonio che non accenna a dare segni di stanchezza. Ha **gareggiato come atleta bodybuilder e come bodyfitness nella IFBB** (la principale federazione di fitness) dal 1992 al 2005. Istruttrice di aerobica e di bodybuilding FIF e IFBB, personal trainer ISSA, Master Trainer Coni-CSEN ha gestito una sua palestra dal 1993 al 1995, mentre conseguiva la **laurea in Logica Matematica** a dimostrazione che il **collegamento tra testa e muscoli** esiste, ed è anzi alla base di questa sua passione. Ha lavorato anche come traduttrice professionista e redattrice specializzata in fitness e bodybuilding per le testate Olympian's e Body's Magazine e per due riviste da lei interamente concepite: BIG e Better Bodies. In queste settimane ne ha creata una nuovissima: Power. Oltre una dozzina sono i libri di alimentazione, integrazione e allenamento di cui ha curato la traduzione.

Nel 2001 ha scritto un libro con Pietro Taricone: "Taricone 100%", volto a presentare l'approccio, insolitamente profondo, al fitness dell'illustre casertano. **Giudice nazionale e internazionale di bodybuilding IFBB** oltre che promoter di eventi collegati al fitness, dal 2006 insegna "Tecnica di Bodybuilding" ai corsi per istruttori Coni-CSEN. Ha fondato ed è presidente di un'associazione culturale e sportiva dedicata al lottatore e bodybuilder Ray Stern (il primo a creare palestre miste negli USA) con lo scopo di aiutare le persone a migliorarsi per mezzo del fitness e del bodybuilding. Nel 2003 ha ottenuto il **premio Grimek** per aver diffuso con la propria attività giornalistica la cultura fisica e il bodybuilding, mentre pochi giorni fa ha ricevuto l'importante **IFBB Silver Medal** quale riconoscimento mondiale per la sua opera nella **divulgazione del bodybuilding e di uno stile di vita sano.** È sposata col campione mondiale Dennis Giusto e mamma "anziana ma in forma" di una bambina di poco più di due anni. (Fotografia di Francesco Grillo).

Introduzione

Sembra che le star, dopo una gravidanza, tornino quasi all'istante in forma. La cosa ti dà forza o ti deprime? Oppure è addirittura una frustrazione, perché tornare come prima pare una missione impossibile? Ecco il segreto. Scrivere libri di divulgazione medica è di solito un compito degli operatori del settore, che aiutano il lettore ad acquisire informazioni utili su temi che riguardano la salute e il benessere. Come medico che si occupa di divulgazione scientifica ho scritto numerosi volumi sull'argomento salute e benessere, (www.trapanigianfranco.it) ma la lettura delle pagine scritte da Rossella Pruneti mi ha sorpreso piacevolmente.

L'argomento, quello del fitness in gravidanza, è difficile e ostico e può essere fonte di incomprensioni o di malintesi. Tuttavia, Rossella Pruneti è riuscita a mettere tutti d'accordo con poche parole: *«Alimentazione corretta e attività fisica costante sono sempre il fondamento, e lo iniziano a essere da prima della vostra gravidanza*». In pratica, oltre ai consigli che vengono forniti alle future mamme, ribadisce come sia veramente importante lo stile di vita e una qualità del cibo sana e adeguata. Con queste parole si è associata ai più moderni, e, allo stesso tempo, più antichi concetti di salute e benessere, come già diceva la Scuola Medica Salernitana, «se ti mancano i medici, che questi siano i tuoi tre medici: mente lieta, vita quieta e moderata dieta», ovvero vita sana, attività sportiva adeguata, poco stress emotivo e alimentazione sana e corretta. Una futura mamma che ha uno stile di vita salutistico, senza essere ossessiva, sarà poi una madre che riuscirà a rientrare meglio nelle taglie dei propri vestiti, che sarà decisamente più consapevole delle proprie possibilità e che avrà un rapporto migliore con il proprio figlio e con il proprio compagno.

I consigli presenti in queste pagine sono tanti e non tutti possono essere applicati facilmente, eppure una cosa è molto evidente: lo spirito che le anima, la voglia di star bene e di far star bene chi mette in pratica questi comportamenti. In definitiva, un libro da leggere con piacere, brillante e comodo da mettere in pratica.

Gianfranco Trapani

Tutte le donne in gravidanza sono letteralmente "sulla stessa barca". La maggioranza va alla deriva e un buon numero affonda, non riuscendo più a ristabilire un rapporto con il proprio fisico. Poche tengono saldamente il timone, capaci di lasciarsi andare alle onde quando è necessario.

Come un marinaio abile, che ammaina le vele in caso di maltempo per evitare di ribaltare la barca, occorre sapere quando cedere ai cambiamenti del proprio corpo e quando, invece, riprendere in mano i comandi. Sali a bordo, ti insegnerò come costeggiare in tutta sicurezza le curve del tuo bellissimo e ritrovato fisico!

Chi sono e perché posso darti dei consigli

Ti chiederai chi sono e quali siano le mie credenziali per scrivere questo ebook. Sono istruttrice di aerobica e bodybuilding, personal trainer ISSA e Master Trainer CONI-Csen. Ho conseguito quanti più brevetti mi era possibile e continuo ancora a studiare, anche se sono passata pure dell'altra parte (cioè dai banchi di alunna alla cattedra di insegnante), insegnando nei corsi per istruttori.

Ho un passato da atleta abbastanza hardcore, se possiamo dire così: un decennio con circa una settantina di competizioni come bodybuilder. In questo ti sembrerà che io mi allontani dall'esperienza della maggioranza delle donne, ma non è così. Gareggiare a livelli nazionali, accanto a grandi campionesse, mi ha permesso di capire meglio cosa si richiede al "normale fisico femminile".

Un po' come il corso di "guida sportiva" che aiuta a essere più sicuri in autostrada con l'utilitaria, anche se non ripeterai mai quelle sterzate e quelle accelerazioni. Spingendomi agli estremi ho potuto apprezzare meglio la "normalità". Spingendomi agli estremi non sono diventata superba, ma più comprensiva verso chi non può o non vuole avere un fisico perfetto.

Oggigiorno è possibile reperire informazioni da più fonti. Ma non sempre trovi quello che cerchi. Oppure lo trovi, ma è difficile da capire e lontano dalla vita reale delle nausee mattutine, della depressione nel vedere il tuo corpo sciupato ecc. Infatti c'è dell'altro, oltre a quanto accennato prima, che mi dà titoli per aiutarti: sono una donna e una mamma.

Ciò che leggerai non è scritto da qualche allenatore uomo che non ha idea di come ti senti veramente guardandoti allo specchio, degli attacchi di fame collegati a fluttuazioni di umore e di ormoni, della mancanza di tempo per allenarti, dello stress della quotidianità di una mamma. Nella duplice posizione di istruttrice e di mamma, mi sono già trovata in molte delle situazioni che andrai a vivere.

A volte ho saputo come comportarmi, altre volte ho sbagliato in pieno. Entrambi i tipi d'esperienza da me vissuti e, dunque, sia le mie certezze che le mie insicurezze, potranno esserti utili. Sarà un po' come passarti la mia mappa personale, dove ho già segnato i sentieri da seguire e le buche da evitare. Se te la passo, è per evitarti di inciampare e farti arrivare prima alla meta: alla *tua* meta.

Nel mio passato sono stata anche un'adolescente sovrappeso, seppur per un breve periodo. So bene cosa significa sentirsi insicure del proprio aspetto e non piacersi. Conosco anche la sensazione frustrante che si prova nel non sapere in che altro modo fronteggiare noia e stress se non ingozzandosi di cibo.

Questi episodi erano definiti come "raptus famelici" da me e dalla mia amica del cuore, entrambe vittime di un'alimentazione scriteriata e di un corpo che, giustamente, reclamava il suo nutrimento. Una sensazione che, in parte, ho rivissuto durante la gravidanza. Ho apprezzato il fitness ancora di più trovandomene momentaneamente privata per quei nove mesi. Però adesso, rispetto all'adolescenza, sapevo che appena possibile (dopo la gravidanza), avrei potuto riprendere in mano la situazione.

Tornando alla mia storia, devo dire che per fortuna a diciassette anni mi innamorai del bodybuilding. Conoscere la sua disciplina e praticarlo, con l'aiuto di validi allenatori, mi ha permesso di apprendere un sano stile di vita e di mettermi in forma. Il bodybuilding ha cambiato la mia vita in una miriade di maniere positive.

Dopo tanti anni come atleta, diventando mamma, il mio parto è stato naturale, rapido e privo di complicazioni, quello che tecnicamente viene definito "eutocico" e il recupero velocissimo. Prima della gravidanza pesavo 62 kg per 167 cm d'altezza; nelle ore del travaglio, prima del parto, 75,5 kg. Con il parto ho perso

6-7 kg, ho indossato subito i miei abiti normali ed entro sette mesi avevo perso i chilogrammi in eccesso tornando a un peso inferiore rispetto a quello pre-gravidanza, cioè a 60-61 kg.

Per il primo compleanno della mia bambina avevo la “tartaruga” sull’addome e, a parte alcuni miei soliti punti critici, avevo recuperato un’ottima forma fisica. Anzi, sono ulteriormente dimagrita ritrovandomi a pesare 56 kg quando ho terminato di allattare la mia bambina, a diciotto mesi dalla sua nascita. Finire con 6 kg in meno rispetto al peso iniziale è stato uno sbaglio, e anche di questo ti parlerò spiegandoti cosa non dovresti fare. Sì, perché una riduzione del peso corporeo non è sempre equivalente a un fisico migliore!

Rossella Pruneti

GIORNO 1:
Cosa fare prima della gravidanza

Dovresti essere in forma "prima" di rimanere incinta

Questo è il mio segreto personale: non mi sono allenata durante la gravidanza, ma mi alleno da una vita. Pazienza e costanza sono fondamentali: prima, durante e dopo la gravidanza. Dovresti essere in forma "prima" di rimanere incinta. Però, se ora sei già incinta ma fuori forma, non preoccuparti. Questo ebook vuole metterti in guardia da eventuali sbagli, non condannarti. Esorta piuttosto alla "riabilitazione". Puoi usare il segreto per la prossima gravidanza, se ci sarà, o per rimanere in forma per tutta la vita! Credimi.

Perché quell'attrice è bella quanto e più di prima dopo la gravidanza e tu no? La differenza tra te e lei è solo nel denaro e nel personal trainer a disposizione? Non proprio. La maggioranza delle celebrità *torna in forma entro poco tempo* proprio perché era *già in forma prima* della gravidanza. Victoria Principal, attrice della serie TV *Dallas*, sostenne in un'intervista al magazine *Redbook*: «Fare un figlio non è il massimo per il proprio fisico, ecco perché ho deciso di non averne.» È una stupidaggine. Perché non avrai grossi problemi *dopo una gravidanza* se sai come allenarti e con un pizzico di fortuna per la genetica di cui sei stata dotata. Vediamo come.

L'ebook è pieno di consigli su come essere in forma e belle prima, dopo e tra una gravidanza e l'altra. Ho deciso di raccontarti cosa ho fatto e cosa ho imparato con uno "stile di vita" e una "filosofia" (bada che non dico affatto che ti vendo un "sistema") che ti può aiutare a essere una mamma in forma di bambini sani. Questo stile di vita non l'ho inventato io, esiste da molto tempo e si chiama "stile di vita fitness con l'allenamento con i pesi", cioè *bodybuilding*.

La buona notizia è, dunque, che puoi ritornare come eri prima della gravidanza. Anzi, c'è dell'altro: puoi tornare meglio di come eri prima della gravidanza! Il punto è: eri in forma? Per questo motivo il mio segreto numero 1, il più importante di tutti, è il seguente: adotta uno stile di vita fitness e fai scelte migliori nell'alimentazione addirittura prima di essere incinta. Non è difficile, anzi! Tutto diventerà talmente naturale che non faticherai più per mantenerti in forma ed efficiente, e ciò, addirittura, diventerà un divertimento. Io attribuisco senza ombra di dubbio la salute della mia gravidanza, le doglie sopportate benissimo e il parto veloce, senza conseguenze, allo stile di vita che adotto da quasi ventitre anni, e che ho variato leggermente durante la gravidanza, per forza di cose.

Non perderti d'animo. Prima non eri in forma? Bene, comincerai da adesso a diventarlo. E ti darò un mucchio di indicazioni su come potrai farlo. Parafrasando il celebre aforisma cinese: «non ti darò un pesce ma ti insegnerò a pescare», cioè ti spiegherò alcune regole fondamentali con le quali potrai adottare uno stile di vita che ti permetterà di essere in forma, magra e tonica. Tu dovrai aggiungere la tua forza di volontà e il tuo impegno, qualcosa di molto impegnativo, ma di grande soddisfazione appena riscontrerai i risultati. Se riesci a farlo, la gravidanza sarà l'evento della tua vita che segnerà, insieme a tante belle cose, il primo passo per un futuro di benessere fisico.

Mi sono imbattuta in una frase di Sofia Loren che riassume perfettamente il mio progetto: *«Niente rende una donna più bella se non la convinzione di esserlo.»* Devi credere di farcela. I tuoi peggiori nemici sono i pensieri come: «Non potrò mai dimagrire», «È impossibile tornare magra dopo il parto» oppure «È troppo difficile!». Prima di potercela fare, devi crederci e visualizzare la tua vittoria.

Comincia ogni giorno, da oggi stesso, con un'affermazione positiva, per esempio: «Perderò tutto il mio sovrappeso e mi sentirò bella come mai lo sono stata prima.»

Tornare in forma dopo la gravidanza richiede:

- **Determinazione**. Lo vuoi?

  Sì ☐ No ☐ Non so ☐
- **Atteggiamento positivo**. Sei convinta che è possibile?

  Sì ☐ No ☐ Non so ☐
- **Persone che ti sostengono**. Circondati di persone positive, capaci di darti pareri intelligenti e non i soliti commenti stereotipati sulla gravidanza! Chi eleggi come supporter?

  ………………………………………………………………

- **Volontà**. Allora, sei pronta a sfoderare queste tre armi per tornare in forma?

  Sì ☐ No ☐ Non so ☐

Dunque ecco, a seguire, il primo segreto da mettere in pratica "da subito"!

SEGRETO n. 1: questo è il mio segreto personale: non mi sono allenata durante la gravidanza, mi alleno da una vita. Pazienza e costanza sono fondamentali: prima, durante e dopo la gravidanza. Dovresti essere in forma "prima" di rimanere incinta.

Cosa fare "prima" della gravidanza

Alimentazione corretta e attività fisica costante sono sempre il fondamento e lo iniziano a essere da prima della tua gravidanza. La cosa più importante di tutte, a essere sincera, è però avere un bambino sano. Sapere che porti in grembo il tuo bambino ti trattiene dal fare tante cose, più o meno stupide e pericolose. Questa è la priorità. Ma cerchiamo di essere oneste fino in fondo. Ci sentiamo miserabili se non siamo anche belle e in forma.

Allora riformuliamo: vuoi modellarti e avere più energie per il tuo bambino e per te stessa!

Come stabilire la composizione corporea e il livello di fitness: da dove partire

Come sarà il tuo peso corporeo prima, durante e dopo la gravidanza dipende da come è prima del concepimento. Banale? Ti dimostro che non lo è.

Segna con una crocetta la descrizione che trovi più indicata per il tuo peso prima della gravidanza:

□ Normale

□ Sottopeso

□ Sovrappeso

Sei stata onesta? Obiettiva? Imparziale? Forse troppo severa? Ti sei descritta in base all'umore di stamani? Rifletti. Ogni persona è soddisfatta o insoddisfatta della propria forma fisica in base a mille variabili: a come cadono i vestiti che indossa, ai complimenti ricevuti, al nervosismo della giornata... In uno studio recente un buon numero di donne (il numero preciso è 1537) descriveva il proprio peso prima della gravidanza: il 13% avevano un peso normale ma si bollavano come “grasse” e, controllate a mesi di distanza dal parto, rischiavano doppiamente di prendere troppo peso. Il 14% erano effettivamente grasse e si definivano “normali” e rischiavano di ingrassare ulteriormente otto volte di più rispetto alle altre.

Riferimenti bibliografici:
BMC Pregnancy and Childbirth, December 19, 2008

Cosa dedurne? Che più di una donna su quattro non è obiettiva nei confronti della propria forma fisica, e che ciò può costare molto caro.

Perché? Le donne con problemi nel valutare la propria immagine corporea corrono un rischio maggiore di quello di aumentare eccessivamente di peso durante la gravidanza. Non solo. Un aumento eccessivo (come anche un aumento minore del desiderabile) è collegato a problemi di salute per la donna e per il suo bambino.

Perché è importante che tu stabilisca obiettivamente come sei

Come hai fatto a definirti? Quanto sei in forma? Cioè, in che modo puoi stabilire la tua composizione corporea? Se vuoi veramente sapere come sei, esistono strumenti piuttosto affidabili e altri che servono solo a mandarti fuori strada. Uno degli sbagli peggiori è quello di credere alla bilancia. Dopodiché c'è l'errore di fidarsi dello specchio. Ma procediamo con gradualità.

Modellarsi e tonificarsi non consistono semplicemente nella perdita di qualche chilogrammo qua e nell'aggiunta di qualche altro là. Un programma di allenamento per il fitness, ben strutturato e che ha successo, cambia veramente il tuo corpo: forma, dimensioni, aspetto e livello di efficienza. La maggior parte delle volte cambia anche radicalmente e in maniera positiva il legame mente-corpo e l'autostima.

La medicina e la fisiologia dello sport offrono una grande varietà di aiuti elettronici e scientifici per una valutazione accurata e facile. Devi cercare di stabilire bene da dove partire, per sapere dove arriverai, e anche tracciare i progressi applicando strategie in modo da non finire scoraggiata dallo specchio o dalla bilancia.

AVVERTENZA

Non ti spiego i metodi per stabilire il livello di allenamento, per esempio condizionamento di cuore e polmoni, forza, flessibilità, ma te ne illustro alcuni, facili e utili alla stregua di un trucchetto, per stabilire quanto grasso, indesiderato, hai e quanta massa magra, desiderabile, avere: in una parola la tua *composizione corporea.*

Sebbene siano piccoli test che puoi svolgere da sola, non sarebbe una cattiva idea farsi fare una valutazione completa e molto più accurata da un medico o da un personal trainer certificato all'inizio del programma di fitness, e poi a intervalli di due o tre mesi. Recati sempre dal medesimo professionista per potere confrontare le misure, mantenendole confrontabili tra loro per il metodo applicato e anche per le modalità di rilevazione.

Ci sono tecniche di analisi della composizione corporea complicate e invasive, da fare in laboratorio: non scherzo se dico che esami come la TAC, la risonanza magnetica, la diluizione di sostanze chimiche nell'organismo che poi vengono "tracciate", la misurazione del potassio totale sono metodi che possono essere usati per stabilire quanto grasso hai.

E ci sono tecniche moderne ma alla portata di tutti, disponibili presso professionisti qualificati: l'impedenziometria o BIA, un apparecchio elettronico che stabilisce la composizione corporea elaborando il dato offerto dal passaggio di una debolissima corrente, e la psicometria, un apparecchio che stabilisce la composizione corporea rilevando lo spessore di precise pliche della pelle, inserendo il dato in una formula matematica, rapportando il risultato con alcune tabelle statistiche.

Solitamente gli strumenti sono costosi, anche se negli ultimi anni si sono diffusi molto e i prezzi sono scesi ma per essere ben usati occorre una persona che conosca a fondo la tecnica, e questo è un punto a svantaggio perché devi spogliarti di fronte a qualcuno, cosa non tanto desiderabile quando non ci si sente in forma. Allora, per stabilire quanto sei in forma, nel senso di quanto grasso e quanto muscolo hai, ti insegno alcuni metodi non solo "casalinghi" ma anche "divertenti".

Lo specchio

La maggioranza di noi donne entra spesso, saltuariamente o sempre, in conflitto con la propria immagine corporea e, di conseguenza, con il proprio riflesso allo specchio. Se usi lo specchio per valutare la tua figura, cerca di essere imparziale.

Edith Head, una delle costumiste più affermate e premiate di Hollywood, suggeriva di prendere un grosso sacchetto di carta, ritagliare due fori per gli occhi e infilarselo in testa. Edith sosteneva che in questo modo fosse possibile guardarsi allo specchio in maniera obiettiva. Il consiglio può sembrare paradossale, ma esprime benissimo quello che ci accade appena ci spogliamo e ci specchiamo: vedere il nostro volto porta a mentire, perché scatena le emozioni e la cosa diventa “troppo personale”.

La bilancia

Pensa al tuo peso corporeo come all’altezza: quando misuri l’altezza considera gambe, torace, collo e testa. Quando ti pesi la bilancia registra il peso di scheletro, pelle, sangue e fluidi corporei, tra cui l’acqua che è il 70% del peso totale, organi, muscoli e grasso: tanto quello utile attorno agli organi quanto quello sgradevole dei cuscinetti. Quando sarai incinta la bilancia peserà anche il bambino e tutte le strutture necessarie al suo sviluppo nel tuo grembo: placenta, liquido amniotico ecc.

Ma come mai?

Le visite prenatali dal ginecologo portano con sé entusiasmo e timori. Uno dei momenti più temuti è la bilancia. Hai mai notato che la bilancia del medico non pesa mai come la tua? Ti consiglio di pesarti ogni giorno, oppure ogni settimana, sempre alla medesima ora e sulla medesima bilancia. Il momento migliore è prima di colazione, senza indumenti oppure sempre con lo stesso tipo di biancheria intima, per garantire il confronto tra una pesata e l'altra.

Ci avevi mai pensato?

Quando ti pesi ricorda che:

- la muscolatura pesa più del grasso, circa 2/3 di più;
- potresti perdere peso ma ingrassare comunque! Poiché il muscolo pesa più del grasso, se perdi muscoli, ma accumuli grasso nella stessa quantità, pesi meno. Viceversa, puoi mantenere il peso ma avere perso grasso e acquistato muscolo. E, in questo caso, il tuo aspetto sarà senz'altro migliore;
- pesandoti nei giorni piovosi o con un'elevata umidità puoi notare un incremento di peso. La spiegazione? Con quel

clima il tuo corpo, e perfino la bilancia, è umido e quindi pesi anche quell'acqua che impregna il corpo. L'incremento può arrivare anche a un chilogrammo di più;

- pesandoti dopo avere sudato molto registri un peso minore perché hai perso temporaneamente liquidi, che riprenderai bevendo e mangiando;
- pesandoti dopo avere mangiato, con la digestione in corso, devi considerare che, nel totale, ci sono anche i grammi di quanto consumato e ancora nello stomaco. In pratica la bilancia non dice quanto cibo hai nello stomaco, ma ne registra il peso, così come il volume delle feci ancora in transito nell'intestino.

I blue-jeans di qualche anno fa

Se odi, a ragione, la bilancia, lascia il responso ai blue-jeans di quando eri più magra. L'ago della bilancia può non scendere ma i vecchi jeans tornare a essere indossati perché il volume muscolare prende meno spazio di quello del grasso pur pesando di più.

Le foto

Le fotografie possono dare un'idea più obiettiva di come sei. Puoi utilizzare quelle dell'ultima vacanza, ma la strategia migliore è di farsene periodicamente: ogni settimana o ogni mese. Con le macchine digitali puoi scattare e archiviare da sola, senza vergogna. Fai sempre uno scatto frontale, uno di schiena e uno sul fianco per avere un'idea completa delle tue proporzioni.

Un pizzicotto

La maggioranza del grasso si accumula intorno alla vita, ai fianchi e allo stomaco. È un fatto noto a tutte e non occorre certo trovare conferma nelle tante ricerche dove si indica come l'area soprailiaca, cioè la prominenza ossea che senti circa 2-3 cm sopra l'anca, sia indicativa del grasso totale. Pizzica quel punto: se la pelle è più spessa di 2,5 cm vuol dire che il grasso si sta accumulando intorno a vita e fianchi. Meglio ancora puoi procedere alla misurazione con il metro.

La misurazione con il metro

Prendi un metro a nastro. Non è complicato perché sono sufficienti due misure:

1 – misura il punto vita sopra la cresta iliaca (come detto prima);

2 – misura la circonferenza della coscia.

Adesso dividi la prima misura, giro vita, per la seconda, del giro coscia. Confronta il risultato con questi valori:
tra 0,9 e 1,2: fitness ideale;
oltre 1,2: sovrappeso.

Consigli:

- non tenere il nastro troppo lento o troppo stretto. Deve essere perpendicolare all'osso corrispondente al muscolo che misuri;
- fai scivolare il nastro fino a trovare il punto più largo e misura quello;
- annota le misure per poterle confrontare nel tempo.

Indice di massa corporea (abbreviato e indicato, in seguito, con l'acronimo "BMI")

Questo metodo è basato sull'assunto che il peso corporeo aumenta in proporzione al quadrato dell'altezza. Vale tanto per gli uomini quanto per le donne e non è dipendente dall'età.

Per misurare il BMI occorrono:

- metro;

- bilancia;
- calcolatrice;
- tabella di riferimento per BMI.

Per il calcolo devi applicare la seguente formula:

BMI = peso corporeo (in kg) / (altezza x altezza in cm)

Ad esempio: una donna che pesa 70 kg ed è alta 175 cm ha un BMI pari a 22,9.
Infatti: BMI = 70 kg / $(1.75 \text{ m})^2$ = 70 / 3,0625 = 22.9

Sappi che esistono dei programmi online che permettono di calcolare il risultato semplicemente inserendo i propri dati. Cercane uno inserendo nella casella di ricerca di Google le parole "calcolo BMI".

La tabella dell'OMS (Organizzazione Mondiale della Sanità, in inglese WHO), diffusa nel 1995 e aggiornata nel 2004, reperibile facilmente online sul sito ufficiale, considera:

- una persona con BMI inferiore a 18,5: sottopeso;
- tra 18,5 e 25: normopeso;

- tra 25 e 30: sovrappeso;
- oltre 30: obesa.

Il BMI ti sarà utile anche in gravidanza, perché costituirà il punto di partenza per prevedere quanto è desiderabile che il peso aumenti (vedi più avanti). Ricorda comunque che è un'indicazione, che non ha niente a che vedere con una valutazione della composizione corporea fatta da un professionista con uno strumento di precisione, e che persone con BMI uguale possono avere aspetti ben differenti! Infatti si può essere pesanti perché grasse oppure perché muscolose.

A questo proposito voglio chiarire due cose sulle tabelle del peso ideale. Queste tabelle non dicono niente di più della bilancia, e in un programma di fitness sono del tutto inutili, perché non tengono conto della composizione corporea, della costituzione e delle differenze individuali. Sono compilate in base a dati statistici. Per questo sono relative al Paese in cui i dati sono stati raccolti. Tabelle con dati svedesi, tanto per fare un esempio, non sono utili in Italia perché l'altezza media degli svedesi è maggiore.

Non cadere vittima degli "stereotipi" che sono i valori ideali suggeriti da queste tabelle. E non farlo neanche per il tuo bambino quando il pediatra ti introdurrà ai *percentili* di crescita.

L'occhio (e la mano) dell'esperto

Allenatori e personal trainer esperti possono indicare con un'approssimazione molto buona la percentuale di grasso corporeo di una persona, solo guardandola. Ai tempi in cui gareggiavo avevo un allenatore in grado di farlo in modo tanto preciso che immaginavo avesse un "plicometro negli occhi"! Il plicometro è, appunto, uno strumento per misurare lo spessore del grasso sottopelle e calcolarne la percentuale in tutto il corpo.

Questo allenatore mi insegnò anche a differenziare, toccando la pelle, tra ritenzione idrica e grasso. Ti spiego come fare. Pizzicando una plica con pollice e indice, "impasta", muovendo i polpastrelli, e valuta: se senti delle granulosità è grasso, se il "gonfio" è "liscio" si tratta di ritenzione idrica.

ATTENZIONE

Nonostante l'allenamento e la dieta, molte donne sono estremamente sensibili alle fluttuazioni ormonali collegate al ciclo mestruale. Puoi notare, circa dieci giorni prima che inizi il ciclo, un incremento notevole di peso, nella misura di 500-2000 g, e, se ti misuri, qualche centimetro in più. Tale incremento temporaneo di peso corporeo scompare al termine delle mestruazioni per tornare il mese prossimo, se non sarai incinta, perché perderai quei liquidi accumulati che fanno salire l'ago della bilancia. Non scoraggiarti per colpa degli ormoni femminili. Continua con il tuo programma di fitness e ricordati che le fluttuazioni sono, appunto, fisiologiche e temporanee!

SEGRETO n. 2: non fidarti della bilancia e impara a valutare la composizione corporea piuttosto che i chilogrammi totali. Guarda ai centimetri e non ai chilogrammi del tuo corpo. Credi allo specchio più che alla bilancia, ma se menti a te stessa di fronte allo specchio, allora utilizza un metodo per la valutazione corporea, meglio ancora se eseguito da un medico o da un personal trainer.

Dovrai essere fisicamente attiva prima della gravidanza? Sì!

Sì, perché non solo essere nel peso forma aiuta ad avere una gravidanza e un bambino sani, ma l'attività fisica costante favorisce la sensazione di benessere e allevia lo stress rendendoti più facile il concepire: dunque aumentando la tua fertilità. Ovviamente, per attività "costante" intendo due-tre volte la settimana per dieci-undici mesi l'anno, e non un'iscrizione in palestra con due settimane di fuoco e poi mollare per sempre) Inoltre un corpo allenato affronta meglio la parte difficile della gravidanza, quella delle doglie e del parto stesso. I cambiamenti ormonali collegati alla gravidanza ammorbidiscono i tessuti connettivi e allentano le articolazioni. Diventa più facile partorire, ma, attenzione, anche farsi male in caso di movimenti sbagliati.

Avere un fisico già "robusto" e fortificato da allenamenti precedenti aiuta: però devi impegnarti molto prima. Ribadiamo che il segreto n. 1 è fondamentale: *una gravidanza in forma inizia prima che tu sia realmente incinta.* Molti studi dimostrano che essere già allenate aiuta. In uno studio svedese condotto su ben 1100 donne che hanno portato a termine una gravidanza, il 53% aveva accumulato troppo peso e il 14% ne aveva accumulato troppo poco. Perché? Per il 74% di coloro che avevano un eccesso di peso, l'eccesso era dovuto a fattori antecedenti la gravidanza;

per il 15% era dovuto a problemi di salute collegati alla gravidanza stessa; per l'11% era dovuto a elementi modificabili della gravidanza.

Come puoi notare, una bella fetta (anzi, quasi i tre quarti della torta!) della colpa di un peso eccessivo in gravidanza è da attribuire a fattori antecedenti la gravidanza stessa. Quindi devi lavorare d'anticipo. È interessante notare che, anche per quelle poche donne che non raggiungevano un sufficiente peso corporeo gestazionale, i colpevoli erano fattori pre-gravidanza. La conclusione? Ancora una volta, che una gravidanza in forma inizia da *prima* che abbia inizio la gravidanza stessa!

Riferimenti bibliografici:

Brawarsky, P (P); Stotland, N E (NE); Jackson, R A (RA); Fuentes-Afflick, E (E); Escobar, G J (GJ); Rubashkin, N (N); Haas, J S (JS); *Pre-pregnancy and pregnancy-related factors and the risk of excessive or inadequate gestational weight gain.*, International journal of gynaecology and obstetrics: the official organ of the International Federation of Gynaecology and Obstetrics (Int J Gynaecol Obstet.), 2005-Nov; vol 91 (issue 2) : pp 125-31

Viceversa, lo stile di vita della mamma prima della gravidanza predice possibili complicazioni durante il parto. L'inattività è stata collegata all'aumento del rischio di *lacerazioni perineali*, cioè dei tessuti molli che chiudono in basso il bacino, anche durante il corso della stessa gravidanza. Anche tenuto conto dei vari fattori non modificabili, come il numero delle gravidanze, l'età della mamma, la settimana di gestazione nella quale avviene il parto e il sesso del nascituro, oltre eventualmente a un suo peso corporeo eccessivo (nello studio norvegese in questione si considerava eccessivo un peso uguale o superiore a 4200 g), i fattori modificabili collegati alla mamma, e cioè il suo BMI maggiore o uguale a 30, comportano un'incidenza maggiore di tagli cesarei ed emorragie post partum.

Riferimenti bibliografici:
Voldner N, Frøslie KF, Haakstad LA, Bø K, Henriksen T. *Birth complications, overweight, and physical inactivity.* Acta Obstet Gynecol Scand. 2009; 88(5):550-5.

Cosa si intende per "sedentarietà prima della gravidanza"? Uno studio ha valutato i tre mesi precedenti la gravidanza per vedere se veniva svolta un'attività fisica per almeno trenta minuti una volta alla settimana. Questo studio è stato condotto nel 2004 in USA dove, a livello nazionale, si consiglia di praticare esercizio per più di cinque giorni la settimana. Il risultato è che quasi quattro donne ogni dieci, tra le oltre 4000 analizzate erano sedentarie.

La cosa interessante sono gli elementi che portavano a predire la sedentarietà delle future mamme:

- BMI superiore o inferiore al normale;
- basso livello di scolarizzazione;
- parti precedenti.

Come lo spiega la scienza

La conclusione evidente dello studio è stata che la sedentarietà è comune nelle donne in età fertile, anche o soprattutto prima di una gravidanza.

Come lo spiego io

Partire già non in forma, con un BMI superiore o inferiore al normale, ed essere disinformata a causa della scarsa scolarizzazione, giocano a sfavore della volontà di esprimere la propria femminilità ed essere al meglio. Sono fattori modificabili e devi modificarli.

Questo ebook ti metterà sulla strada giusta per iniziare a farlo. Rimboccati le maniche, tira fuori la grinta e avanti! Quanto ai parti precedenti, essi probabilmente incidono nel senso della minore disponibilità di tempo per allenarsi in presenza di figli da accudire. Anche di questo parleremo nei prossimi capitoli.

Riferimenti bibliografici:
Donahue SM, Zimmerman FJ, Starr JR, Holt VL. *Correlates of Pre-Pregnancy Physical Inactivity: Results from the Pregnancy Risk Assessment Monitoring System.* Matern Child Health J. 2009 Jan 21.

Un'attività fisica vigorosa nell'anno precedente la gravidanza, e medio-leggera durante la gravidanza, riduce il rischio di diabete mellito gestazionale, indicato con la sigla GDM: è una particolare condizione di intolleranza agli zuccheri che può insorgere alla fine del secondo trimestre, e se non curato può sfociare in patologie a carico del bambino, come l'eccessivo peso alla nascita, l'ipoglicemia neonatale, difficoltà respiratorie ecc., e si riduce inoltre il rischio di un'anormale tolleranza al glucosio.

Riferimenti bibliografici:
Emily Oken, MD, MPH, Yi Ning, MD, MPH, Sheryl L. Rifas-Shiman, MPH, Jenny S. Radesky, Janet W. Rich-Edwards, ScD, and Matthew W. Gillman, MD, SM, *Associations of physical activity and inactivity before and during pregnancy with glucose tolerance.* Obstetrics and gynecology (Obstet Gynecol), 2006-Nov; vol 108 (issue 5): pp 1200-7

Altre ricerche suggeriscono che la pratica costante di un'attività fisica possa attenuare la *dislipidemia*, cioè i valori elevati di colesterolo o trigliceridi risultanti dalle analisi del sangue, che è normalmente associata alla gravidanza e che, in casi gravi, aumenta il rischio di parto prematuro.

Riferimenti bibliografici:
Butler, Carole L (CL); Williams, Michelle A (MA); Sorensen, Tanya K (TK); Frederick, Ihunnaya O (IO); Leisenring, Wendy M (WM); *Relation between maternal recreational physical activity and plasma lipids in early pregnancy.* American journal of epidemiology (Am J Epidemiol) 2004-Aug; vol 160 (issue 4) : pp 350-9

Sono stati svolti studi anche su quanto sia utile migliorare la salute della donna prima della gravidanza. Le strategie adottabili, guarda caso, sono risultate collegate soprattutto a perfezionare l'alimentazione: scelta di alimenti più sani, lettura delle etichette nutrizionali, assunzione quotidiana di un multivitaminico con acido folico ecc. L'attività fisica deve essere costante e ai livelli consigliati, con l'introduzione di esercizi per il controllo dello stress ecc.

Riferimenti bibliografici:
Hillemeier MM, Downs DS, Feinberg ME, Weisman CS, Chuang CH, Parrott R, Velott D, Francis LA, Baker SA, Dyer AM, Chinchilli VM. *Improving women's preconceptional health: findings from a randomized trial of the Strong Healthy Women intervention in the Central Pennsylvania women's health study.* Womens Health Issues. 2008 Nov-Dec;18(6 Suppl):S87-96.

In forma per la fertilità: le quattro "A" + una dei fattori modificabili

Perché devi essere in forma adesso? C'è un motivo di "tempistica" per essere in forma prima di concepire. Esistono dei fattori che limitano la fertilità, che sono modificabili, e quindi è meglio iniziare quanto prima ad affrontarli. Si tratta di alcuni elementi relativi alla tua storia sessuale, al peso corporeo, ad abitudini come il fumo che possono avere inizio nell'adolescenza. Inoltre il concepimento stesso avviene due settimane circa prima della data prevista delle mestruazioni che attendi, e che, se sei incinta, non arriveranno.

Puoi non sapere di essere incinta per un periodo maggiore delle tre settimane iniziali della gestazione. Tuttavia le settimane che vanno dalla seconda all'ottava sono quelle in cui il feto è più sensibile, in cui i suoi organi si vanno formando. Quello che fai, mangi, subisci, bevi, respiri in quelle settimane può avere un grosso effetto sul tuo bambino. Ci sono sostanze e attività proibite, sconsigliate, da limitare; ma ci sono anche pareri contrastanti e false credenze.

Sai cosa? A parte alcune cose che valgono indubitabilmente perché confermate dalla scienza, e che passeremo velocemente in rassegna, tutto sta nella moderazione. Quando la scienza non dà una risposta sicura, adotta cautela. Non esagerare nemmeno privandoti di qualcosa oltre misura e vivendo nel terrore. La cosa più importante è ascoltare il proprio corpo.

ATTENZIONE

Per qualsiasi dubbio chiedi sempre al tuo ginecologo.

"A" come alimentazione

Alimentarsi correttamente vorrà dire *non* ridurre troppo le calorie, che introduci quotidianamente ma neanche aumentarle troppo, perché una dieta sbilanciata *non* offrirà l'ambiente adatto al tuo bambino. Ovviamente è importante ai fini della fertilità migliorare lo stato di fitness, e non tanto ridurre il peso corporeo.

Da ricordare: l'alimentazione è una cosa che puoi controllare perfettamente, a differenza di altri elementi. Sta a te alimentarti bene.

Riferimenti bibliografici:
Frisch RE. *Body fat, menarche, fitness and fertility.* Hum Reprod. 1987 Aug;2(6):521-33. Review.

Grasso corporeo e fertilità… quando è troppo

Fin dagli anni '50 del secolo scorso gli studi scientifici riferivano che il grave sovrappeso e l'obesità hanno un effetto negativo sulla fertilità, oltre a elevare l'incidenza degli aborti spontanei. Più si è grasse e ci si alimenta sproporzionatamente, più il corpo fatica a mantenere normale la quantità di zucchero nel sangue, detta glicemia.

Per farlo, produce più insulina. Ma un aumento dell'insulina nella circolazione sanguigna ha un effetto secondario sulle ovaie: arresta l'ovulazione e fa aumentare gli ormoni di tipo maschile. Il risultato sono cicli mestruali irregolari e problemi di fertilità.

Sarebbe utile impiegare il tempo precedente la gravidanza per arrivare a un peso salutare, perché in una gestazione sovrappeso sei a rischio di diabete e ipertensione; avrai maggiori fastidi a livello di mobilità e gonfiori; le doglie possono essere più lunghe. La riduzione del grasso, soprattutto addominale, è associata a un miglioramento delle funzioni legate alla riproduzione.

Prima di arrivare al rimedio estremo dell'intervento farmacologico e chirurgico, sono da preferire le modificazioni dello stile di vita, la correzione dell'alimentazione e l'inserimento dell'attività fisica.

Riferimenti bibliografici:

Zain MM, Norman RJ, *Impact of obesity on female fertility and fertility treatment,* Womens Health (Lond Engl). 2008 Mar;4(2):183-94.

...quando è troppo poco

Essere troppo magre non è il miglior biglietto da visita per la cicogna. I soggetti sottopeso rischiano una riduzione della fertilità. Donne con BMI inferiore a 19 impiegano il quadruplo del tempo, e cioè nello studio della seconda fonte qui sotto, ventinove mesi, a rimanere incinta rispetto a quelle con BMI normale, che necessitano in media di sei-otto mesi. In quei casi viene consigliato di raggiungere un peso accettabile.

Riferimenti bibliografici:

Rich-Edwards JW, Spiegelman D, Garland M, Hertzmark E, Hunter DJ, Colditz GA, Willett WC, Wand H, Manson JE. *Physical activity, body mass index, and ovulatory disorder infertility.* Epidemiology. 2002 Mar;13(2):184-90.

Jokela M, Elovainio M, Kivimäki M. *Lower fertility associated with obesity and underweight: the US National Longitudinal Survey of Youth.* Am J Clin Nutr. 2008 Oct;88(4):886-93.

Arojoki M, Anttila L. *[Eating disorders, thinness and infertility]* Duodecim. 2000;116(3):259-64.

Lake JK, Power C, Cole TJ. *Women's reproductive health: the role of body mass index in early and adult life.* Int J Obes Relat Metab Disord. 1997 Jun;21(6):432-8.

Singh D. *Waist-to-hip ratio and judgment of attractiveness and healthiness of female figures by male and female physicians.* Int J Obes Relat Metab Disord. 1994 Nov;18(11):731-7.

Grodstein F, Goldman MB, Cramer DW. *Body mass index and ovulatory infertility.* Epidemiology. 1994 Mar;5(2):247-50.

Arricchire l'alimentazione

Potresti utilizzare, con il nullaosta del medico, alcune vitamine. Le vitamine aiutano lo sviluppo e il funzionamento di ogni organismo, figuriamoci quello minuscolo che sta crescendo dentro di te e che dipende da te per procurarsele! Alcune carenze vitaminiche comportano difetti alla nascita: queste carenze possono verificarsi a tua insaputa e fare danni prima ancora che tu sappia di essere incinta.

Puoi ridurre il rischio di difetti al cervello o alla colonna vertebrale del bambino integrando la tua dieta con **acido folico**, una delle vitamine del complesso B, già tre mesi prima del probabile concepimento, continuando per l'intera gravidanza, secondo il parere del tuo ginecologo, e anche per un po' di tempo dopo la nascita del bambino.

Come al solito, l'ideale sarebbe approvvigionarsi di queste sostanze attraverso gli alimenti che contengono la forma naturale. Nel caso di questa vitamina sono i "folati": legumi, verdura a foglia verde, succo d'arancia.

SEGRETO n. 3: migliora qualitativamente la tua alimentazione. Se il ginecologo è d'accordo, inizia a prendere un integratore di acido folico.

"A" come ambiente

Appena saprai di essere incinta diventerai molto sensibile all'ambiente intorno a te: casa, posto di lavoro, locali frequentati. Eppure è importante anche da prima, perché l'esposizione a certi agenti e a certe situazioni può rendere difficile il concepimento, oltre che arrecare problemi durante la gravidanza.

Quali sono i pericoli che si corrono sul posto di lavoro o svolgendo le faccende casalinghe? Informati, presso il medico e i responsabili del tuo posto di lavoro, dell'esistenza di eventuali materiali quali metalli pesanti, come rame, piombo ecc., radiazioni, acidi, gas anestetici o situazioni da evitare, indossando protezioni speciali oppure andando in malattia o in maternità anticipata. In casa presta attenzione quando maneggi pesticidi e solventi, sostanze chimiche varie e pitture. Se usi questi prodotti, ventila bene la stanza e indossa guanti protettivi.

Sostanze pericolose come alcol, tabacco, caffeina, droga

Se fumi, è il momento giusto per smettere. È dimostrato che il fumo rallenta la crescita del feto, riduce la fertilità, aumenta l'incidenza di aborto spontaneo, problemi alla placenta, effetti a lungo termine sul bambino. Ovviamente evita quanto più puoi il fumo passivo. Appena uscita dall'ospedale con mia figlia mi venne dato un foglietto con tre importantissime indicazioni. Una era proprio quella di evitarle il fumo passivo!

Riferimenti bibliografici:
Fielding JE. *Smoking and women: tragedy of the majority.* N Engl J Med. 1987 Nov 19;317(21):1343-5.

La caffeina, secondo alcuni studi, ridurrebbe la fertilità, ma i dati non sono conclusivi e in accordo tra loro. Fino a pochi anni fa si sosteneva che il legame tra forte consumo di caffeina e aborto spontaneo non fosse ancora dimostrato (Signorello and McLaughlin, 2004), mentre quello relativo alla riduzione della fertilità sembrerebbe stabilito, ma solo se il consumo va oltre le sette tazze di tè o caffè quotidiane. In questo caso aumenta di una volta e mezzo la probabilità di essere meno fertili.

Riferimenti bibliografici:
Wen, Shu, Jacobs, & Brown, (2001).
Hassan and Killick (2004)

Cosa dire poi delle droghe come marijuana, cocaina ecc.? Mi pare ovvio che vadano sfuggite come la peste. Come minimo il bambino nascerà dipendente e avrà anche crisi di astinenza. Oltre ad avere una madre inaffidabile per prendersi cura di lui.

Fonti elevate di calore

Che si tratti della tua febbre o di un bagno caldissimo e prolungato, il calore elevato nei primi tre mesi di gravidanza può causare difetti nel bambino. Prestare attenzione a non surriscaldarti sarà una regola che adotterai anche per l'allenamento durante la gravidanza (vedi Giorno 4: "Come allenarsi durante la gravidanza").

Animali domestici

Puoi contrarre la toxoplasmosi, una malattia non grave per adulti e bambini ma che comporta il rischio di generare difetti nel feto, attraverso le feci di un gatto e quanto contaminato da esse: oggetti sporcati come la lettiera. Il contagio è possibile anche se tocchi vegetali o oggetti facendo giardinaggio o se consumi carne cruda o poco cotta.

Medicinali

Se devi assumere costantemente una medicina per un problema di salute, chiedi al medico se comporta rischi in caso di gravidanza. In generale, tanto le medicine prescritte dal medico quanto quelle da banco possono creare problemi al feto: chiedi sempre prima!

Evitare le infezioni

Mantieniti sana quanto più possibile. Alcune infezioni infatti possono recare danno al feto. Lavati frequentemente le mani; cuoci bene carne e uova; sciacqua bene frutta e verdura; evita latticini non pastorizzati. Non bere dallo stesso bicchiere o bottiglia di altre persone.

Eliminare o ridurre lo stress

Lo stress può veramente impedire il concepimento, sfasando l'orologio biologico di noi donne e con esso i cicli mestruali e il momento di fertilità. Uno stress grosso, come per lutti, malattie gravi di familiari, aumenta il rischio di parto prematuro, può determinare un peso ridotto del bambino alla nascita ed eventualmente un aborto.

Secondo alcuni studi l'impatto dello stress causato da questi eventi è peggiore se si verificano nei mesi precedenti il concepimento, piuttosto che durante le quaranta settimane di gestazione.

Ancora: le ricerche non hanno ancora dato una risposta definitiva al quesito se lo stress sia un problema perché scatena nel corpo della mamma particolari ormoni. o se perché induce dei cambiamenti nello stile di vita legati all'eventuale depressione, che sono, inevitabilmente, poco salutari.

"A" come allenamento

L'allenamento non riduce la fertilità purché sia:

- iniziato in precedenza. L'ideale sarebbe che ti alleni da almeno sei mesi prima del concepimento. Se è da tempo che non ti alleni, inizia lentamente e procedi con gradualità sia nella durata sia nell'intensità;
- praticato con costanza. Meglio mezz'ora tre volte la settimana per mesi che un unico mese tutti i giorni fino allo stremo. Importante dunque che l'allenamento sia più qualitativo che quantitativo (vedi il prossimo paragrafo);
- svolto secondo un programma moderato e corretto. Come ti devi allenare mentre cerchi di concepire? Apprendi subito la corretta maniera di allenarti: inserisci un buon riscaldamento all'inizio, stretching e un corretto defaticamento al termine. Questi costituiranno gli elementi fondamentali dell'eventuale allenamento quando sarai incinta;
- adottando, se non cautela, almeno un po' di buon senso. Idrata il corpo prima, durante e soprattutto dopo l'allenamento. Ascolta il tuo corpo: in caso di fiato corto, dolori alla schiena, gonfiori, nausea, palpitazioni, se a un certo punto insorgono crampi, ti gira la testa o ti senti

mancare, smetti l'allenamento;

- non esagerando e tenendo conto del necessario recupero per l'organismo. È confermato dalle ricerche scientifiche che molte atlete di alto livello, ballerine o, in generale, donne che stanno a dieta rigida, possono arrivare alla scomparsa del ciclo mestruale, detta *amenorrea*, oppure alla riduzione della propria fertilità, con cicli mestruali anaovulatori, cioè non fertili, o con *fase luteinica* abbreviata cioè la fase che inizia il giorno successivo a quello del picco ovulatorio e dura fino al giorno prima dell'arrivo del ciclo mestruale successivo. Anche se l'attività fisica è moderata, il 42% delle donne sportive subisce disturbi della fase luteinica che possono ridurre la fertilità.

Riferimenti bibliografici:
National Institute of Child Health and Human Development, 2005

ATTENZIONE

Ascolta il tuo corpo perché puoi essere più affaticata del solito in quanto la tua gravidanza ha avuto inizio! Fermati se senti capogiri, se hai la sensazione di svenire, nausea, dolore al petto o difficoltà di respirazione.

SEGRETO n. 4: migliora qualitativamente il tuo allenamento e, se sei sedentaria, inizia una pratica costante.

La "A" più importante

Perché devi essere in forma adesso? Per offrire il miglior ambiente possibile al tuo bambino. L'ambiente è il tuo corpo: fai sì che il tuo bimbo abbia una mamma il più sana possibile. E, infine, la A è più importante: l'**amore** e il rispetto per te stessa e per il tuo futuro bambino.

E non dimentichiamo il padre!

Anche il padre deve condurre uno stile di vita sano per favorire la fertilità, oltre che per determinare condizioni sane che siano d'esempio durante la crescita e l'educazione dei figli. Dunque attività fisica, alimentazione corretta, non fumare, non bere alcolici, non assumere droghe.

Come capire subito che sei incinta ed evitare di fare del male a te stessa e al bambino, continuando ad allenarti in maniera sbagliata

La cosa più ovvia, cioè il ritardo delle mestruazioni, non basta a confermare che sei incinta. La capacità di capirlo dipende anche dall'attenzione che presti ai segnali inviati dal tuo corpo e, soprattutto, da quanto aspetti questa gravidanza. Molte donne si accorgono di essere incinta addirittura due mesi dopo il concepimento. Incredibile, vero? Il fatto è che ci sono vari sintomi ma molto variabili nella loro manifestazione da donna a donna. Inoltre sono sintomi "ambivalenti", cioè potrebbero anche significare qualcosa di differente. Dai un'occhiata a questa tabella: che non vuole certo essere completa, ma ti farà riflettere.

TABELLA
Sintomi delle mestruazioni o della gravidanza?

Sintomo	***Gravidanza?***	***Cosa potrebbe essere invece?***
Ritardo delle mestruazioni	Sì	Ciclo mestruale irregolare, o sbaglio nel ricordarsi la data delle ultime mestruazioni.
Seno morbido e gonfio	Sì	Può essere anche un sintomo premestruale.
Areole dei capezzoli più scure	Sì	-

Mucose dei genitali più scure	Sì	-
Leggere mestruazioni	Sì, perché sono "false mestruazioni": sei-dodici giorni dopo il concepimento può verificarsi un sanguinamento, accompagnato da piccoli crampi, causato dall'impianto del feto.	Mestruazioni con un flusso ridotto, per un motivo da indagare con il tuo ginecologo.
Nausea	Sì, almeno per diversi giorni nelle prime settimane, anche se non si verifica in tutte le donne incinta.	Qualche disturbo virale o influenzale, in questo caso è limitata nei giorni.
Voglie di cibo	Sì	Squilibri nell'alimentazione.
Stanchezza	Sì	Mancanza di riposo adeguato.
Urinazione frequente	Sì	Può essere sintomo anche di un'infezione alla vescica.

Mal di schiena	Sì	Problemi posturali o debolezza muscolare, paramorfismi della colonna vertebrale.
Mal di testa	Sì	Molti altri problemi.
Variazioni d'umore	Sì	Possono e, anzi, di solito accompagnano la famosa "sindrome premestruale".

Nelle prime fasi della gravidanza puoi avere tutti o nessuno di questi sintomi. Se avverti uno qualsiasi o più di uno di questi sintomi, e il test di gravidanza risulta negativo, consulta il medico per stabilire quale problema di salute possa essere. Una cura e un'attenzione prenatale tempestiva sono vitali per te e per il tuo bambino.

I benefici dell'essere in forma prima della gravidanza

...si traducono in vantaggi *durante la gravidanza*:

- facendoti aumentare nella quantità di peso desiderabile;
- riducendo i disturbi tipici della gravidanza come crampi alle gambe, costipazione, gonfiore, ritenzione idrica;

- rinforzando i muscoli posturali, cioè i dorsali, i glutei, la muscolatura di anche, natiche e gambe, e prevenendoti gran parte del mal di schiena;
- abbassando il rischio di diabete gestazionale;
- migliorandoti l'umore e rendendoti più ottimista verso i cambiamenti del tuo corpo e la tua capacità di porvi rimedio a gravidanza ultimata;
- dandoti più energie;
- facendoti dormire meglio.

…si traducono in vantaggi *durante il parto*:

- abbreviando e facilitando il travaglio grazie a una muscolatura del *core*, cioè la parte posteriore del corpo con tratto lombare/bassa schiena e parte anteriore con muscoli addominali, più forte per spingere durante l'espulsione;
- presentando una maggiore sopportazione al dolore e potendo quindi gestirlo meglio nelle ore del travaglio;
- essendo più rilassata e nutrendo una maggiore autostima;
- possedendo un migliore tono della muscolatura pelvica, perché ciò riduce l'incidenza di lacerazioni o il ricorso all'*episiotomia,* cioè un taglio preventivo del tessuto tra

vagina e ano durante il parto per evitare una brutta lacerazione.

...si traducono in vantaggi *dopo la gravidanza*:

- permettendoti di recuperare prima, perché puoi tornare in forma dopo la gravidanza. Anzi, devi. Alcune persone sostengono che per questo occorrono almeno nove mesi: nel mio caso sono stati poco meno, entro i sei-sette mesi ero tornata al peso pre-gravidanza, ma può bastare anche così poco come quaranta giorni. Molto dipende da te stessa e da mille variabili del tuo corpo. La mia speranza è che questo ebook ti porterà a conoscerne e comprenderne alcune.

RIEPILOGO DEL GIORNO 1:

- SEGRETO n. 1: questo è il mio segreto personale: non mi sono allenata durante la gravidanza, mi alleno da una vita. Pazienza e costanza sono fondamentali: prima, durante e dopo la gravidanza. Dovresti essere in forma "prima" di rimanere incinta.
- SEGRETO n. 2: non fidarti della bilancia e impara a valutare la composizione corporea piuttosto che i chilogrammi totali. Guarda ai centimetri e non ai chilogrammi del tuo corpo. Credi allo specchio più che alla bilancia, ma se menti a te stessa di fronte allo specchio, allora utilizza un metodo per la valutazione corporea, meglio ancora se eseguito da un medico o da un personal trainer.
- SEGRETO n. 3: migliora qualitativamente la tua alimentazione. Se il ginecologo è d'accordo, inizia a prendere un integratore di acido folico.
- SEGRETO n. 4: migliora qualitativamente il tuo allenamento e, se sei sedentaria, inizia una pratica costante.

GIORNO 2:
Come gestire la gravidanza

Congratulazioni per la tua gravidanza! Questo intero ebook vuole dimostrarti che rendere il fitness il tuo stile di vita prima, durante e dopo la gravidanza è fondamentale, tanto per te come mamma quanto per il tuo bambino. In pratica è un invito a trasudare energia e, anche se bonariamente, vuole far riflettere e tirare le orecchie a quelle mamme che utilizzano la scusa della gravidanza per impigrirsi e lasciarsi andare fisicamente: magari "mangiando per due"!

Tuttavia, c'è un "ma". Sei incoraggiata ad ascoltare prima di tutto il tuo corpo, o anche il tuo sesto senso, che solitamente in noi donne è assai ben sviluppato, e quindi a esagerare con la cautela.

Quindi... se non te la senti, siediti pure davanti alla TV per nove mesi!

La gravidanza: un capolavoro biologico. Impara cosa accadrà al tuo corpo. La forma di una mamma

La gravidanza è, in fondo, un viaggio lineare: c'è una partenza, un percorso e un arrivo. Eppure ci sono sempre molti modi per arrivare dal punto "A" al punto "B". Il modo migliore sarebbe, a rigor di logica, il più veloce e diritto, ma non è detto che non ci siano anche involuzioni e circonvoluzioni. Infatti ogni gravidanza è a sé, come ogni donna è bella a modo suo.

Dove devi arrivare

Adesso sei incinta, o presto lo sarete sarai, e non puoi più avere la fissazione di rimanere a un peso ideale deciso da te in base a chissà quale motivo. Devi stabilire obiettivi realistici che tengano conto dell'essere vivente che hai dentro di te e che crescerà sviluppandosi da embrione a bambino, acquisendo un proprio peso corporeo e richiedendo al tuo corpo una serie di adattamenti funzionali ed estetici per formarsi, per essere nutrito e protetto.

C'è un motivo sostanziale per cui il peso corporeo della donna in gravidanza deve salire: fornire le sostanze nutritive al bambino. Se questo non avviene, possono esserci complicazioni tanto per la mamma quanto per il bambino. Ad esempio, nel caso in cui al feto manchi il calcio, questo verrà prelevato dalle ossa della mamma, impoverendone le riserve e rendendole più fragili. Il problema meno grave che può presentare un bambino nato da una madre sottonutrita è l'essere sottopeso; dopo di che seguono tanti altri problemi di gravità crescente.

Immagina un po' il danno che faresti! Nella nostra società moderna una situazione del genere, poiché è evitabile, è doverosamente da evitare. Un dato emerso dalle ricerche è che neanche un'attività fisica moderata durante la gravidanza permette in ogni caso di prevenire un eccesso nell'aumento di peso corporeo. Dunque, e ne parleremo più avanti, un incremento di peso sostanziale è consigliabile, assolutamente necessario, e rappresenta una parte importante della gravidanza.

ATTENZIONE

se noti che il peso cala, soprattutto nel caso tu non stia seguendo una dieta dimagrante, avverti subito il ginecologo.

Riferimenti bibliografici:
Michael D Schmidt, *Physical activity during pregnancy: Patterns, measurement, and association with health outcomes* (January 1, 2005). Electronic Doctoral Dissertations for UMass Amherst. PaperAAI3163705.

SEGRETO n. 5: durante la gravidanza non devi tentare di perdere peso. L'incremento di peso è necessario.

Se un aumento di peso in gravidanza deve per forza esserci, perché preoccuparcene tanto? Due motivi principali:

- perché oltre una donna su tre ingrassa più di quanto consigliato dal ginecologo. Aumentare più di quanto consigliato rende sei volte più probabile che ti ritrovi obesa entro il primo anno di vita del tuo bambino;

Riferimenti bibliografici:
Suitor CW. 1997. Maternal Weight Gain: *A Report of an Expert Work Group*. Arlington, VA: National Center for Education in Maternal and Child Health.

- perché molte ricerche scientifiche hanno indicato che ci sono maggiori complicazioni nelle fasce più alte e in quelle più basse dell'incremento di peso in gravidanza. In pratica, se aumenti troppo o se aumenti troppo poco, te e il tuo bambino siete a rischio. A rischio di cosa? Se non consumi calorie a sufficienza, o non ti alimenti in maniera variata, se introduci calorie in maniera smodata e senza badare ai valori nutritivi, il tuo bambino può essere privato delle sostanze nutrienti necessarie alla sua crescita.

Infatti il peso alla nascita del tuo bambino può essere influenzato da:

- la composizione del tuo aumento di peso. I chilogrammi accumulati sono composti in prevalenza da acqua, grasso o massa magra? Perché, come abbiamo visto in precedenza, è diverso pesare un certo numero di chilogrammi composti da grasso piuttosto che da massa muscolare magra;
- il tuo metabolismo. Quanto bruci? Prima della gravidanza quanto dovevi mangiare per mantenere il tuo peso corporeo?

Riferimenti bibliografici:
King JC, Butte NF, Bronstein MN, Kopp LE, Lindquist SA. 1994. *Energy metabolism during pregnancy: Influence of maternal energy status.* American Journal of Clinical Nutrition 59 (suppl):439S–445S.

Eccoti un'indicazione generale in base al BMI (linee guida dell'IOM, Institute of Medicine statunitense) di quanto è desiderabile aumentare:

BMI con cui parti	***Quanto è desiderabile aumentare***
Meno di 18,5 (sottopeso)	12,5 - 18 kg
Tra 18,5 e 25 (normopeso)	11,4 - 16 kg
Tra 25 e 30 (sovrappeso)	7 - 11 kg
Oltre 30 (obesa)	contenere nei 7 kg

IMPORTANTE

Anche dopo avere letto la precedente tabella, parla con il ginecologo e fatti consigliare sull'aumento di peso. Saprà indicarti al meglio come devi regolarti. Ci sono molte variabili soggettive, delle quali una tabella generica non riesce a tenere conto.

Da dove provengono i chilogrammi della gravidanza?

Durante il primo trimestre l'incremento è modesto, forse appena un chilogrammo. Durante il secondo trimestre c'è un accumulo di grasso materno al quale si abbina la crescita dell'utero e delle mammelle e l'aumento della *volemia*, termine medico per indicare semplicemente il volume di sangue sia circolante sia immobilizzato nel corpo. Nel corso del terzo trimestre l'aumento di peso è quasi del tutto dovuto al bambino e alla sua placenta, poco attribuibile alla mamma e ai cambiamenti del suo corpo.

Tabella

Cosa fa pesare di più in gravidanza?	
Riserve nella mamma di grassi, proteine e altri nutrienti	3,18 kg
Aumento dei liquidi corporei	1,8 kg
Aumento del sangue	1,36-1.81 kg
Crescita della mammella	0,45 - 0,91 kg
Ingrossamento dell'utero	0,91 kg
Liquido amniotico	0,91 kg
Placenta	0,68 kg
Bambino	2,72 - 3,63 kg
Totale	**12,02 kg - 13,83 kg**

Fonte della tabella: American College of Obstetricians and Gynecologists, www.acog.org.

Come lo spiega la scienza

Chimicamente, il tuo aumento di peso consiste di acqua, proteine e grassi. L'incremento di fluidi, probabilmente collegato a quello dei tessuti magri, predice il peso alla nascita del bambino. L'incremento di grasso della mamma non predice invece niente sul peso del bambino e, anzi, lo sottopone al rischio di certe complicazioni. Il corpo della mamma ingrossa, ovviamente, per feto, placenta, liquido amniotico, aumento di utero e mammelle, aumento del volume di sangue, ritenzione idrica, e tutto ciò assomma statisticamente a circa 9 kg.

Se l'incremento di peso "normale" o fisiologico secondo la scienza (Hytten 1991) è 12,5 kg, cosa sono quei 3-4 kg in più? Sono davvero grasso, ma non inutile: il tuo corpo ha bisogno di creare delle riserve di grasso per:

- proteggere il feto durante la gravidanza. La pancia, i fianchi, ogni cuscinetto che verrà a crearsi attorno al feto servirà da "air-bag" naturale!
- allattamento dopo il parto. Non solo hai bisogno di calorie extra per dare energia alla produzione di latte, ma proprio da un punto di vista qualitativo il latte materno è "super grasso", cioè composto per il 98% da acidi grassi, importantissimi per il primo sviluppo del neonato.

Come lo spiego io

Alcune donne possono stare "a stecchetto" e aumentare anche di 30 kg, altre mangiano "di tutto e di più" e salgono appena di 12 kg. Osservando un certo numero di donne sono giunta a una conclusione: chi è magra prima della gravidanza, tende ad accumulare più chilogrammi, chi è grassa, di meno. Addirittura può perdere peso.

Fai caso alle celebrità. A parte rari casi, non si fa che dire quanto tornino velocemente in forma. Eppure durante la gravidanza salgono di peso! Britney Spears aveva preso 23 kg, Kate Hudson 27 kg, Katie Holmes oltre 18 kg, almeno stando alle fonti dei giornali scandalistici. Cosa hanno fatto? Mangiato per due? Non proprio! Erano sottopeso, e hanno aggiunto i chilogrammi per arrivare a un peso "sano", secondo la natura, a fronte della gravidanza.

La mia ipotesi è che la natura abbia bisogno, per la gravidanza, di una certa quantità di adipe, tra le tante cose, così come ha bisogno di aumentare il volume di sangue. Se questa quantità c'è, va bene, se non c'è te la fa accumulare. Potremmo quasi enunciare questa regola; empirica, ma con una certa conferma da parte della scienza: «L'incremento di peso in gravidanza dipende dal peso che si aveva prima della gravidanza. Chi è sotto una certa percentuale di grasso necessaria al meccanismo della gravidanza, sarà portata dalla natura a salire di peso. Per contro, una donna in sovrappeso potrebbe salire di pochi chilogrammi, avendo già nel suo corpo quanto è necessario ad affrontare l'impegno.»

Riferimenti bibliografici:

Hickey LE. 1994. *Energy Expenditure and Body Composition During Pregnancy: A Longitudinal Study*. Doctoral Dissertation, University of California, Berkeley, California.

Lederman SA. 1996, May. Preliminary data presented at the Maternal Weight Gain Meeting, McLean, Virginia.

SEGRETO n. 6: parla con il ginecologo e il personal trainer/istruttore di cosa pensi e di come ti senti davanti all'incremento di peso che ti si prospetta. Razionalizza paure e timori di ingrassare troppo evitando comportamenti sbagliati dettati solo da emozioni negative.

Quante calorie in più devi introdurre in gravidanza

Oltre alla quantità di calorie di base che occorre introdurre indipendentemente dalla gravidanza, una mamma in attesa deve immagazzinare calorie, e quindi avere un "extra", per il nutrimento del bambino e per sostenere quei cambiamenti fisiologici del proprio fisico, ad esempio, l'aumento del volume di sangue circolante, indispensabili per una gravidanza sana.

ATTENZIONE

Durante la gravidanza è pericoloso non mangiare, ma soprattutto è inutile. Lo ripeto: devi aumentare di peso!

Come lo spiega la scienza

Il quantitativo di calorie che introduci in gravidanza sembra influenzare *modestamente* l'incremento di peso.

Riferimenti bibliografici:

Scholl TO, Hediger ML, Schall JI, Ances IG, Smith WK. 1995. *Gestational weight gain, pregnancy outcome, and postpartum weight retention.* Obstetrics and Gynecology 86: 423–427.

Siega-Riz AM, Adair LS, Hobel CJ. 1996. *Maternal underweight status and inadequate rate of weight gain during the third trimester of pregnancy increases the risk of preterm delivery.* Journal of Nutrition 126:146–153.

I numeri di *Mamme in forma*

La spesa energetica totale dei nove mesi di gravidanza è stata stimata in circa **74.100 calorie** per una donna normopeso: circa 300 calorie aggiuntive al giorno.

La quantità totale di calorie da introdurre è la somma dei dispendi parziali dovuti a:

- quanto occorre all'organismo per le sue funzioni di base: il metabolismo basale incide per il 70% circa, ma dipende da moltissime variabili, tra le quali il sesso;
- eventuale attività fisica: in generale il 12%, ma puoi capire bene che dipende dal soggetto;
- calorie consumate per la termoregolazione, cioè per riscaldarsi o per sudare e rinfrescare il corpo;
- calorie consumate per azionare la fornace dell'apparato digerente e digerire i cibi: termogenesi indotta dalla digestione degli alimenti, che incide in misura del 12-15%.

In pratica...

Per contenere l'aumento di peso nei limiti indicati è bene aumentare il proprio introito calorico a partire soprattutto dal secondo trimestre, dato che il fabbisogno calorico in gravidanza aumenta a partire dalla decima settimana.

Considerando, però, che le donne in gravidanza spesso riducono la loro attività fisica, e alcune anche il loro normale moto quotidiano, per contenere l'incremento di peso si considerano sufficienti circa 150-200 calorie aggiuntive al giorno. In alcune fonti è consigliato di aggiungere 150-200 calorie per il primo trimestre e ben 300 calorie al giorno per il secondo e il terzo trimestre. Quale che sia l'extra consigliabile da aggiungere, quand'anche fosse un massimo di 300 calorie, vedi che, dato che l'aritmetica non è un'opinione, non devi mangiare per due: al massimo si tratta di mangiare "per una e un quinto"!

Esercizio pratico: una stima del fabbisogno calorico

Voglio darti un'idea, benché non consideri queste formulette molto utili, perché a dispetto dell'apparente scientificità, di preciso hanno poco e trascurano molti particolari della tua persona che dovrebbero essere tenuti presenti nel calcolo delle calorie, cosa che soltanto un bravo medico dietologo può fare. Ci sono donne convinte di potere vivere con una caramella al giorno, oppure che un pacchetto di chewing-gum rappresenti un pasto, e altre che non si accorgono di ingurgitare migliaia e migliaia di calorie.

Prova a fare due conti solo per chiarirti le idee sull'ordine di grandezza delle calorie necessarie:

1 – scrivi il tuo peso ideale in kg;

2 – attribuisci un valore al livello di impegno fisico quotidiano:

- se sedentaria, moltiplica il peso ideale per 22;
- se fai poca attività fisica, moltiplica il peso ideale per 26;
- se la tua attività fisica è moderata, moltiplica il peso ideale per 28;
- se svolgi un'attività fisica intensa, moltiplica per 33.

3 – al risultato aggiungi il numero di calorie necessarie per il trimestre di gravidanza:

- 150-200 calorie per il primo trimestre;
- 300 calorie per il secondo e terzo trimestre.

Relativamente al "concetto ineffabile" di peso ideale, riportato al punto 1, limitatamente a questo nostro esercizio, puoi tenere per buono anche il peso che avevi prima della gravidanza, oppure quello a cui miri ogni volta che ti metti a dieta, o, meglio ancora, quello raggiunto il quale ti senti bene, dentro e fuori.

Ovviamente può non corrispondere al peso attuale: nel senso che, ad esempio, puoi pesare 60 kg ma il tuo peso ideale essere 56 kg, in quanto ti trovi con 4 kg di grasso in più.

Lo sapevi?

L'accumulo di grasso corporeo durante la gravidanza è un fenomeno universale presente in tutto il mondo animale: le orse accumulano quasi un centinaio di chilogrammi, le balene diverse tonnellate. Sui circa 12-13 kg consigliati come incremento per una donna in gravidanza, appena 2-3 sono di puro adipe. Non da farne una tragedia, vero?

Aumentare troppo poco di peso

Può capitarti di aumentare troppo poco se:

- ti alimenti in maniera insufficiente;
- sei troppo preoccupata della tua immagine e hai problemi con il cibo (anoressia, bulimia);
- soffri eccessivamente di nausea e vomito;
- abusi di alcolici;
- consumi troppe calorie con una qualche attività, sport o lavoro;
- hai un problema di salute;
- hai un problema di malassorbimento.

Cosa rischiate tu e il tuo bambino:

- parto prematuro;
- bambino sottopeso alla nascita.

Aumentare troppo di peso

Se aumenti troppo di peso puoi incorrere nei seguenti problemi:

- aumento della pressione sanguigna (ipertensione);
- maggiore rischio di complicazioni come diabete gestazionale, preeclampsia, una patologia che con l'aumento della pressione sanguigna e perdita di proteine nelle urine determina, a sua volta, problemi di crescita nel bambino oltre che di salute nella mamma:
- maggiore rischio di infezioni, per esempio alle vie urinarie;
- maggiore probabilità di dovere ricorrere al taglio cesareo.

Il tuo ginecologo identificherà e tratterà questi problemi attraverso regolari check-up.

Il percorso durante i tre trimestri

In definitiva, più che stare attenta ai chilogrammi che accumulerai, devi stare attenta ad alimentarti in maniera sana. Lo ripeto: ciò che mangi è la principale fonte di nutrienti per la crescita del bambino, come vedremo nel Giorno 5: “Come alimentarsi bene per nove mesi… e oltre”).

SEGRETO n. 7: una sana alimentazione, senza eccessi, e la quantità corretta di attività fisica sono più importanti dei chilogrammi accumulati durante la gravidanza.

Nel primo trimestre è bene non aumentare molto e alimentarsi in maniera qualitativa ma quantitativamente moderata. I chilogrammi accumulati in questo periodo sono per lo più le scorte di grasso necessarie alla madre per sostenere l’impegno dell’allattamento e non contribuiscono molto al peso del bambino, che inizierà a salire significativamente nei trimestri seguenti.

Nel secondo e terzo trimestre, infatti, si raccomanda un incremento calorico che, generalmente, è indicato sulle 300 calorie da aggiungere a quelle necessarie all’alimentazione della mamma. Vuoi un’idea? Corrisponde all’aggiunta di un piatto di pasta condito con olio e pomodoro dove la pasta, pesata prima della cottura, sia intorno ai 70 g scarsi. L’aumento di peso è distribuito, in proporzione, nei due trimestri finali: eccettuato il primo che, come dicevo, non prevede un grosso incremento, e con un incremento maggiore nel secondo. Lo visualizzi facilmente con un solo colpo d'occhio nel seguente grafico:

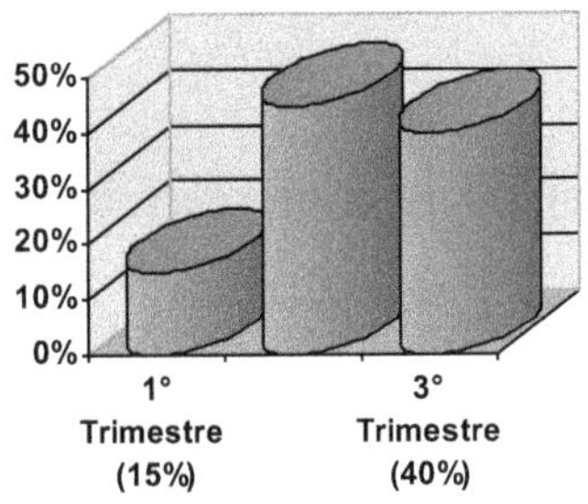

Incremento di peso corporeo nei trimestri

Dove si depositeranno i chilogrammi che accumulerai? Il "pattern" dell'incremento ponderale in gravidanza

Non si depositeranno certo soltanto sulla pancia; e comunque la forma della pancia non svelerà il sesso del bambino. Si diceva un tempo che, se è maschio, allora la mamma non prenderà tanto peso intorno ai fianchi; cosa che si vuole invece che accada nel caso di una femmina. Dicerie popolari che non trovano conferma nella realtà, né nella scienza. La pancia cresce perché aumentano le dimensioni dell'utero che accoglie il feto, e l'utero si ingrossa anche di 700-1000 volte, grazie alla sua incredibile elasticità. All'inizio della gravidanza l'utero è nascosto sotto l'osso pubico, e infatti al tatto non si sente prima della gravidanza, ha la forma di una pera, la grandezza del pugno chiuso di una bambina, oppure, come a me piace pensare, assomiglia al bel fiore di calla.

Quindi è piccolo. Poi inizia a crescere e si sviluppa prima in altezza, cioè sale verso l'ombelico. Con il trascorrere dei mesi arriva sempre più in alto, al di sopra del pube, centimetro dopo centimetro. Durante la sedicesima settimana inizia a crescere in avanti. A questo punto i pantaloni stretti in vita possono davvero cominciare a dare fastidio. Al sesto mese supera l'ombelico; raggiunge lo sterno all'ottavo mese e mezzo. All'avvicinarsi del nono mese si abbassa un poco: il parto è vicino.

È importante comprendere che "tutto quel pancione" è l'utero che aumenta di dimensioni, oltre al bambino al suo interno con il suo liquido amniotico e la placenta. Impossibile una gravidanza senza pancione, ci siamo capite, no? Altrettanto impossibile che l'addome si mantenga asciutto, nel senso dei famosi muscoli addominali definiti e somiglianti al guscio della tartaruga. Infatti la muscolatura si allenta, in risposta ai cambiamenti ormonali, per lasciare lo spazio di espansione all'utero. Per il resto, ingrasserai secondo il tuo *morfotipo*. Ancora una volta capisci quanto è importante essere già in forma prima della gravidanza.

Cosa è il morfotipo?

Ecco i quattro principali morfotipi descritti, un po' pittorescamente, con l'aiuto di oggetti che ne riproducono bene la forma e l'indicazione delle parti del corpo che si espanderanno con la gravidanza.

Tabella

Morfotipo	*Caratteristiche principali*	*Sviluppo in gravidanza*
Mela	pancia, corporatura robusta, spalle larghe, fianchi stretti	aumento del grasso su pancia e torace

Pera	gambe e glutei grassi, spalle strette, vita stretta, fianchi larghi	aumento del grasso su pancia, schiena, braccia e gambe (l'interno di una coscia arriverà a strusciare all'altra)
Sedano	longilinea, magra	aumento del grasso sulla pancia
Cavolfiore	brevilinea, tozza	aumento del grasso in tutto il corpo accompagnato da gonfiore e flaccidità dei tessuti

Ci avevi mai pensato?

I chilogrammi totali accumulati, la composizione di questo aumento e la quantità di calorie da introdurre sono peculiari: a ciascuna il suo metabolismo! Se hai una gravidanza gemellare, aspettati un aumento intorno ai 16-20 kg. Se sei una mamma alla seconda gravidanza, puoi prevedere di aumentare quanto durante le prima gravidanza, se rimangono uguali alimentazione e attività fisica.

E terminati i trimestri di gravidanza?

Il peso in eccesso e l'incapacità di perderlo dopo la gravidanza sono indici di previsione dell'obesità a lungo termine. L'allattamento al seno e l'attività fisica sono utili per controllare il peso nel lungo termine.

Sebbene l'allattamento e l'attività fisica non possano avere un effetto sul breve termine, a lungo andare, e cioè nell'arco di otto-dieci anni, ci sono benefici significativi, come risulta dal primo studio delle fonti riportate qui sotto. Ne riparleremo nel Giorno 6: "Come tornare in forma dopo il parto".

Riferimenti bibliografici:

B. L. Rooney, C. W. Schauberger, and M. A. Mathiason *Impact of Perinatal Weight Change on Long-Term Obesity and Obesity-Related* Illnesses, Obstet. Gynecol., December 1, 2005; 106(6): 1349 - 1356.

Excessive Pregnancy Weight Gain and Future Obesity Journal Watch Women's Health, October 22, 2002; 2002(1022): 4 - 4.

Niente panico

La maggioranza delle donne torna al peso precedente la gravidanza entro i primi due anni di vita del bambino. Evita quindi di farti prendere dallo sconforto e soprattutto di buttarti a capofitto in alimentazioni squilibrate e allenamenti scriteriati.

Il percorso nella storia

Possiamo dire che noi donne del XXI secolo siamo più in forma, e che durante la gravidanza aumentiamo di meno? Uno sguardo alla storia conferma che l'incremento di chilogrammi consigliato è variato con l'accumularsi dei dati scientifici; ma questo non vuol dire che nel passato il peso delle donne aumentasse di più; anzi. Nel XVI, XVII e XVIII secolo l'alimentazione materna era considerata come l'unica fonte di nutrimento per il feto, e quindi le donne in gravidanza erano invitate a mangiare molto.

Dagli anni '30 fino a tutti i '50 del XX, secolo alle donne in gravidanza si chiedeva di limitare l'aumento di peso, allo scopo di evitare un parto complicato, benché un bambino più pesante equivale a parto più difficile in tutte le epoche, ed a tutt'oggi, ed anche per evitare la ritenzione idrica, o edema, la *pre-eclampsia*, cioè una tossiemia caratterizzata da ipertensione, perdita di proteine e ritenzione idrica grave, e perfino allo scopo di "preservare la linea".

Si consigliava di non superare i 6-7 kg. Inoltre si decantava l'importanza di una dieta iposodica per controllare la ritenzione idrica (Riferimenti bibliografici: McIroy and Rodway 1937). I dati statistici disponibili relativi al periodo precedente la seconda guerra mondiale riportano che, in media, le donne in gravidanza aumentavano meno di 9 kg (Riferimenti bibliografici: Hytten 1980).

La rassegna di svariati studi condotti negli anni '50 e '60 (Riferimenti bibliografici: Hytten and Leitch 1971) portò a concludere che un incremento "fisiologicamente normale" era pari a 12,5 kg. Successivamente i manuali di ginecologia e ostetricia adottati nelle scuole tra il 1961 e il 1980 riportarono indicazioni diverse. L'idea che una donna in gravidanza potesse mangiare quanto voleva cominciò a diffondersi nel 1976 (Riferimenti bibliografici: Pritchard and MacDonald 1976). Dai primi decenni dello scorso secolo a oggi l'incremento consigliabile è pressoché raddoppiato!

Riferimenti bibliografici:

Naomi E. Stotland, MD, Weight Gain in Pregnancy, Past, Present, and Future. Dept. of Obstetrics, Gynecology, and Reproductive Sciences, UCSF

Tabella

Linee guida nazionali per l'incremento ponderale in gravidanza

Austria	massimo 15 kg
Danimarca	indicazioni IOM (www.iom.edu)
Finlandia	15 kg se normopeso
Germania	non esistono indicazioni ufficiali
Hong Kong	indicazioni in base al BMI
Inghilterra	non tengono conto del peso in gravidanza
Italia	9-12 kg (www.ministerosalute.it)
Svizzera	non esistono indicazioni ufficiali
USA	IOM (www.iom.edu) in base al BMI, con vari ritocchi annuali

Ormoni: il tuo limite a essere al meglio, emotivamente ed esteticamente

Vediamo un poco più in dettaglio i cambiamenti che la gravidanza comporta e come si ripercuotono sull'aspetto estetico. Anzitutto devi tenere presente che molti di questi cambiamenti sono il risultato di variazioni ormonali. Un *ormone* è una sostanza prodotta dall'interno dell'organismo ed è dotata della capacità di "modulare" l'attività di certe cellule e certi organi. In pratica è come un interruttore per attivare o disattivare interi reparti del corpo.

Durante la gravidanza il corpo produce ormoni speciali, che stimolano cambiamenti praticamente in ogni parte del nostro corpo e sotto ogni aspetto: sugli organi, sui processi di nutrizione e crescita, sul metabolismo, sull'apparato cardiovascolare, sul sistema muscoloscheletrico e... non ultimo, sull'umore! In generale questa piccola rivoluzione ormonale va a vantaggio dell'umore della futura mamma, tranne che all'inizio e alla fine della gravidanza, che possono presentare ansie e timori, oppure in casi particolari; però può immancabilmente dare dei problemi a livello fisico. Vediamo quali.

Cambiamenti a carico dell'apparato cardiovascolare (cuore, vene e arterie)

Aumenta il volume di sangue che circola nel corpo: diventa ben una volta e mezza in più del normale. Con il terzo trimestre sale la frequenza cardiaca a riposo ,di quindici-venti battiti. Il cuore, per i nove mesi, lavora costantemente sempre di più, e infatti:

- può capitare di avvertire palpitazioni e affaticamento;
- compaiono alcune alterazioni dell'elettrocardiogramma: ad esempio, il cuore si sposta verso l'alto.

Aumenta la quantità di sangue ossigenato per ogni battito cardiaco. Aumenta la quantità di aria inspirata. I vasi sanguigni sono dilatati e rilassati per facilitare la circolazione, ma:

- scende la pressione sanguigna a riposo, ed è molto più marcato il calo della pressione diastolica, o minima. Se ti sdrai, i valori scendono ulteriormente; se ti metti supina hai un calo drastico, per l'aggravante che il peso di parte dell'utero comprime la vena cava e l'aorta. Ecco perché è consigliabile stare sul fianco sinistro, soprattutto nel terzo trimestre, e tornare in posizione eretta, da quella distesa, passando attraverso quella sul fianco sinistro;

- sale la pressione venosa soprattutto negli arti inferiori. Il motivo è che l'utero, più grosso, comprime la vena cava inferiore e le vene dell'inguine.

Ecco che, se sei predisposta, compaiono edemi, varici ed emorroidi. Negli arti inferiori, se si lascia aggravare la tendenza alla stasi venosa, compaiono crampi, gonfiore e varici. Nel Giorno 4: "Come allenarsi durante la gravidanza" vedremo cosa significano tutti questi cambiamenti per l'allenamento, soprattutto svolgendo un'attività cardiovascolare.

Cambiamenti a carico del metabolismo

Il metabolismo basale aumenta. In parole povere, hai necessità di introdurre più calorie. La temperatura corporea sale leggermente. I livelli d'insulina sono un po' più alti. Aumenta il fabbisogno di proteine e liquidi.

Cambiamenti a carico dello scheletro: il dòmino sulle vertebre!

Nella postura, un cambiamento anche minimo ha ripercussioni enormi. Questo accade perfino con la gravidanza.

L'ingrossamento dell'utero, e del feto al suo interno, comporta lo spostamento del bacino, al fine di controbilanciarne il peso. Come quando porti uno scatolone pesante appoggiato contro la pancia e ti aiuti inarcando la schiena: il che è sbagliato! Il bacino, per la precisione il coccige e l'osso del pube, avanza, e questo porta ad accentuare l'arco nella bassa schiena. Tecnicamente si chiama "anteroversione delle pelvi" e la postura che determina è definita "lordotica".

Ma un'accentuazione della curva della bassa schiena implica la medesima cosa a livello del torace: le spalle si incurvano e il petto si incassa, la testa va in avanti. Tecnicamente questa si chiama "postura cifotica". Ad aggravare il problema si aggiunge, dopo il terzo mese di gravidanza, l'aumento del seno, il quale, in abbinamento al maggiore volume dell'utero, determina un netto spostamento in avanti del centro di gravità.

Quello che definisco "il domino sulle vertebre" è proprio la ripercussione a cascata di uno scorretto allineamento delle vertebre innescato da un peso, quello dell'utero che cresce e il feto, che grava in basso. Tecnicamente è una postura "lordocifotica" e in ogni caso indica un inasprimento eccessivo delle curve naturali della colonna vertebrale.

Quali altre "tessere" fa cadere questo "effetto domino"? Ci sono altri effetti negativi:

- i dischi vertebrali sono compressi;
- aumenta la tensione sulle superfici articolari della colonna vertebrale;
- la capacità polmonare è ridotta;
- l'altezza cala;
- i legamenti sono sottoposti a tensione;
- i muscoli della regione lombare sono continuamente in trazione ed è inasprita l'iperlordosi lombare;
- l'articolazione coxo-femorale, cioè quella dell'anca, è sottoposta a uno sforzo superiore per il carico dovuto al maggiore peso corporeo. Inoltre è sottoposta a spinte e trazioni durante il travaglio e il parto. Per questo occorre allenare, o meglio, avere allenato, la muscolatura del bacino e delle cosce;
- ci sono ripercussioni sulla muscolatura, con riduzione del coordinamento e dell'equilibrio. Infatti il centro di gravità del

corpo è in continuo spostamento verso l'alto e in avanti, seguendo la crescita di utero e bambino, oltre a ritrovarsi in un'area più grossa e più larga, quella del "pancione". Avrai più difficoltà a muoverti e a mantenere l'equilibrio.

Cambiamenti a carico della muscolatura: contrarre e decontrarre!

Alcuni muscoli devono impegnarsi di più per sostenere il corpo in posizione eretta dopo il verificarsi di tutti quei cambiamenti: la pancia cresce, la postura peggiora, la muscolatura si squilibra sempre più. In che maniera? I muscoli che devono attivarsi maggiormente diventano *ipertonici*, che vuol dire anche accorciati cronicamente, sempre in stato di semi-contrazione. Per opposto i *muscoli antagonisti*, quelli che si allungano mentre i primi si contraggono, devono lavorare meno e finiscono con l'essere deboli e atrofizzati, cioè *ipotonici*.

È importante che tu apprenda qualche termine anatomico specifico, in particolare i nomi dei muscoli, per comprendere meglio quanto diremo circa il corpo umano e il suo funzionamento durante gli esercizi. Il programma d'allenamento con i pesi in gravidanza deve tenere presente allora tre punti fondamentali:

1 - i gruppi muscolari eccessivamente contratti devono essere allungati, per mezzo dello stretching. I muscoli che durante la gestazione rischiano di essere troppo contratti sono i seguenti:

- flessori dell'anca (ileo-psoas);
- muscoli della coscia, soprattutto retto femorale;
- muscoli della bassa schiena (quadrato dei lombi);
- muscoli pettorali;
- muscoli che ruotano verso l'interno e alzano la spalla: romboide, elevatore della scapola, sezione superiore del trapezio.

2 - i gruppi muscolari che tendono a indebolirsi devono essere rinforzati (per mezzo del bodybuilding). I muscoli che durante la gestazione hanno necessità di mantenere un certo tono sono i seguenti:

- muscolo gluteo o estensori delle anche in genere;
- muscolo bicipite femorale, nella parte posteriore della coscia;
- sezione centrale e inferiore del trapezio, che si trova nella parte alta e centrale della schiena;

- extrarotatori della spalla, cioè quei muscoli che fanno ruotare il braccio in fuori e intervengono nella stabilizzazione della spalla;
- serrato anteriore;
- flessori del collo nella parte frontale;
- muscoli del pavimento pelvico/perineo. Il perineo ha funzione contenitiva, insieme alla parete addominale e alla muscolatura lombare. Deve essere elastico e tonico, cosa che andrebbe ottenuta con l'allenamento prima della gravidanza. Durante la gravidanza è utile che la mamma sappia localizzarlo e "guidarne" contrazione e rilassamento, per ottenere una distensione progressiva durante il travaglio, senza lacerazioni, al momento della fuoriuscita del bambino. Ne parleremo nel Giorno 4: "Come allenarsi durante la gravidanza");
- muscoli intercostali (nella cassa toracica);
- muscoli pettorali. I muscoli pettorali si trovano in uno stato di profondo stress durante la gravidanza. Da un lato necessiterebbero di decentrarsi perché sono in continua tensione per sostenere una mammella più pesante; occorre però che siano anche rinforzati per il medesimo motivo;

- muscoli addominali. Va da sé, quasi per "definizione", che in gravidanza la muscolatura dell'addome sia in uno stato di scarso tono. Infatti c'è un apposito ormone, la relaxina, che fa rilasciare questi precisi muscoli, permettendo l'accrescimento dell'utero. Oltre che impossibile per l'azione di questo ormone, sarebbe insensato ricercare l'eccessiva tonicità dei muscoli addominali, proprio nel momento in cui devono, al contrario, essere soprattutto elastici.

Però nella gravidanza è altrettanto fondamentale che gli addominali siano ausiliari del parto, soprattutto nella fase espulsiva. Devi immaginarteli, in quella funzione, che collaborano con il diaframma: un vero torchio, che completa la spinta espulsiva dell'utero. In aggiunta, l'addome viene a risentire dell'accentuazione della curva lordotica del tratto sacrale e ciò indebolisce la muscolatura.

Per questi motivi è meglio che i muscoli addominali possiedano una certa tonicità ed elasticità. Considerando i validi motivi per i quali alcuni muscoli dell'addome non debbono essere allenati in gravidanza e quelli allenati non possano essere ipertonicizzati a oltranza, e tenendo inoltre conto dell'utilità di averli allenati prima della gravidanza, personalmente mi sento di ribadire il principio ispiratore di *Fit Mommas*: occorre essere in forma prima della gravidanza. Questo vale soprattutto per la tonicità della parete addominale e per una buona funzionalità del core.

3 - I muscoli del core devono essere rinforzati con esercizi di stabilità che prevedano una **posizione neutra della colonna vertebrale**. Per "posizione neutra" si intende la posizione in cui la colonna vertebrale mantiene le sue curve fisiologiche. Viene definita "posizione neutra" perché rappresenta la posizione intermedia di equilibrio tra la flessione e l'estensione. In parole povere, tra busto piegato in avanti e indietro, ma non un appiattimento!

Lo sapevi?

Vista posteriormente la colonna è dritta, mentre vista di profilo presenta quattro curve, come due lettere "S" unite l'una sotto l'altra. I nomi scientifici di questi tratti sono: curva sacrale, lordosi lombare, cifosi dorsale e lordosi cervicale.

Cambiamenti a carico dei tessuti connettivi e dei legamenti

Cosa sono i **tessuti connettivi?** Sono "il cemento del corpo umano": tessuti, che, a loro volta provvedono al collegamento, sostegno e nutrimento degli altri tessuti dei vari organi.

Cosa sono i **legamenti?** Sono formazioni di tessuto connettivo che tengono unite due strutture anatomiche, come, per esempio, due ossa, oppure un organo nella sua sede, come per esempio il legamento rotondo che tiene l'utero nel bacino o, ancora, delimitano aperture o cavità all'interno del corpo.

Durante la gravidanza gli ormoni stimolano un allentamento, o allungamento, e una lassità nei legamenti e nei tessuti connettivi in generale. Perché? La natura sa che il pavimento pelvico deve espandersi durante il travaglio e il parto. Fare espandere il pavimento pelvico richiede che si raggiunga una grande elasticità delle strutture circostanti nel lasso di poche ore.

Qual è lo svantaggio di questa vantaggiosa preparazione che la natura attua nel corpo di una futura mamma?

Nei nove mesi:

- i legamenti saranno più lassi e il corpo in un equilibrio dinamico più instabile. È importante apprendere la postura corretta sia stando in piedi, da ferme, sia camminando, e perfino nello sdraiarsi e rialzarsi. Da notare che, in questo caso, ci deve essere sempre il passaggio attraverso la posizione su un fianco, o "fetale": mai alzarsi di botto da sdraiate, anche perché ciò richiede una certa partecipazione dei muscoli addominali che in gravidanza viene a mancare;
- le articolazioni saranno più vulnerabili agli infortuni e alle ripercussioni della "strana" postura di una mamma in attesa, soprattutto caviglie, ginocchia, pube, sacro-iliaco, colonna vertebrale, spalla e polso;
- i nervi rischieranno maggiormente di essere schiacciati, con le conseguenze di sciatica, sindrome dell'egresso toracico e sindrome del tunnel carpale: tutte patologie che spero tu non debba conoscere. Nel caso voglia le definizioni, cercale su Google o chiedi al tuo medico;
- il retto addominale potrà presentare una separazione addominale spiccata, fino ad arrivare alla "diastasi del retto". Cosa sia la diastasi del retto addominale, come riconoscerla e

quale azione intraprendere sarà ampiamente illustrato nel Giorno 6: "Come tornare in forma dopo il parto";

- i legamenti uterini saranno continuamente sotto tensione, oppure sotto allenamento e daranno dolore a livello della bassa schiena;
- la volta plantare si abbasserà. È importante che rimanga forte e robusta, perché ogni sua debolezza si ripercuote sui muscoli, sullo scheletro, e sugli organi interni. I piedi sono la base di tutto il corpo, non solo della struttura scheletrica ma anche della pompa venosa che riporta il sangue dal basso all'alto, ossia dagli arti inferiori al cuore.

A disagio con te stessa: come non essere troppo severa. Scopri la bellezza insita nella gravidanza

C'è una frase, bellissima, dello scrittore Roberto Saviano. Non è esagerato accostarla alla gravidanza, perché so che ci sono donne che la gravidanza la temono, e la rifuggono per non "sciupare il proprio fisico". Ecco la frase: «Nessuno sceglie il suo destino. Però può sempre scegliere la maniera in cui starci dentro.» Verissimo. Che tu abbia scelto o no di vivere la tua gravidanza, puoi comunque scegliere di portarla avanti nel migliore modo che ti è possibile. La gravidanza dovrebbe essere un momento magico e di totale appagamento. Eppure molte donne covano pensieri negativi e grossi timori. Cerca di formulare il tuo timore per scacciare la paura. Facciamo degli esempi in questo senso:

TIMORE: «Ingrasserò al punto di diventare brutta e vecchia!»

VIA LA PAURA: l'aumento di peso, peraltro neanche interamente di grasso, è temporaneo.

Per alcune donne il cambiamento estetico in gravidanza è vissuto come qualcosa di più che un aumento di peso corporeo. È come se dovessero dire addio alla loro figura giovanile, indipendente, "non da mamma". È la trasformazione in "mamma chioccia" o "mamma matrona". Spesso in quello che odiano e disprezzano. Ad aggravare la situazione ci sono i resoconti di mamme, zie e amiche le quali addossano la colpa del loro non essere in forma alla gravidanza.

In ogni caso, vivere l'anticipazione ansiosa del "perdere la linea" è terribile, ma colpisce quasi esclusivamente nel primo trimestre. Una volta che sarai avanti nella gravidanza, coinvolta nella bellissima sensazione del bambino che si muove e cresce nel tuo grembo, non te ne preoccuperai più.

Molti timori sono alimentati dai messaggi della nostra società: il corpo di una donna incinta non è recepito come bello, occorre essere magre e perfette ad ogni costo. Razionalmente sai che queste sono stupidaggini: quindi, ogni volta che tali pensieri si affacciano alla mente, magari quando sei in balia dello stress e delle insicurezze, scacciali, sostituendoli con altri positivi.

Ricordati che siamo persone reali, non modelle ritoccate con un programma di grafica. Se te lo dimentichi, invece di sfogliare una rivista di moda patinata con modelle anoressiche, visita qualche sito come www.theshapeofamother.com. Non deve essere un invito a lasciarvi andare, ma ad agire per il tuo benessere e la tua bellezza, forte dell'equilibrio mentale e dell'accettazione di come sei, nel bene e nel male.

SEGRETO n. 8: la gravidanza non deve essere un invito a lasciarti andare, ma ad agire per il tuo benessere e la tua bellezza forte dell'equilibrio mentale e dell'accettazione di

come sei, nel bene e nel male.

TIMORE: «Ingrasserò tantissimo ed è una cosa che odio, soffrendo di disturbi alimentari!»

VIA LA PAURA: non esitare a chiedere supporto professionale.

Donne chc hanno un passato di disturbi alimentari possono vivere l'incremento di peso della gravidanza come una grossa frustrazione e vanificazione del proprio autocontrollo sul corpo e sull'immagine di se stesse. Ciò può scatenare un ritorno ai problemi, con un'alimentazione scorretta, episodi di fame nervosa e incontrollabile. In questo caso, chiedi aiuto a una figura professionale, magari parlane proprio con il tuo ginecologo e fatti consigliare. Non è la gravidanza il momento per volersi male!

TIMORE: «Il mio corpo non ce la farà, e perderò il bambino!»

VIA LA PAURA: un approccio equilibrato ad alimentazione, attività fisica e stile di vita può aiutare molto.

Il timore di un aborto spontaneo è terribile e, purtroppo, realistico. Molte delle cause sono misteriose, tanto che una buona percentuale di aborti avviene addirittura prima che la mamma sappia di essere incinta. Rafforzare la tua salute generale e mirare a un solido benessere psicofisico è fondamentale.

TIMORE: «Il mio bambino sarà sano?»
VIA LA PAURA: molti difetti congeniti possono essere ridotti curando l'alimentazione e l'integrazione prenatale.
Ci sono diverse sostanze che, se del caso, il ginecologo ti indicherà, da assumere nelle varie fasi della gravidanza. Inoltre cura sempre l'alimentazione. È uno dei pochi elementi sul quale puoi mantenere un certo controllo. Fallo.

TIMORE: «Sono terrorizzata al pensiero del travaglio!»
VIA LA PAURA: una mamma in forma è forte per affrontare il parto.
Esserti allenata e alimentata correttamente prima e durante la gravidanza renderà il travaglio un'esperienza più facile e più breve.

Decidere se allenarti o meno durante la gravidanza. Gestazione a rischio e complicazioni. Dovrai essere

fisicamente attiva durante la gravidanza?

In risposta a questa domanda esistono due posizioni contrapposte:

POSIZIONE "zero" - allenarsi durante la gravidanza fa male alla mamma e al bambino.

POSIZIONE "uno" - allenarsi durante la gravidanza da benefici alla mamma e al bambino.

L'una, la posizione che ho chiamato "zero", quella conservativa e per evitare ogni rischio, è sostenuta da future nonne in ansia e da gran parte dei medici (iniziando dalle indicazioni del 1985 dell'American College of Obstetrician and Gynecologist). L'altra, la posizione "uno", è portata avanti da mamme attive e da un certo numero di nuove ricerche. Vediamo di capire meglio le motivazioni dell'una e dell'altra posizione, cercandone pure una conciliazione.

Come la scienza spiega la posizione "zero"

Il consiglio medico tradizionale a una donna che si allena, è quello di fare molto meno, mentre a donna che non si allena, è quello di rimanere sedentaria. Nel mio caso, atleta agonista di bodybuilding, il ginecologo consigliava di passare a esercizi a corpo libero! Questo per darti un'idea di quanto avrei dovuto ridurre in base a tale ottica.

Fino agli studi del dottor James Clapp mancavano dati scientifici, senza i quali la comunità medica adottava un atteggiamento di cautela. La motivazione era il timore che l'attività fisica potesse danneggiare il feto all'inizio e al termine della gravidanza attraverso le seguenti eventualità, riscontrate facendo allenare strenuamente e seguire una dieta ristretta ad alcuni animali da laboratorio durante la gravidanza:

- si eleva la temperatura corporea proprio durante l'*embriogenesi*, cioè il processo di formazione e sviluppo dell'embrione, accrescendo il rischio di anomalie congenite;
- il sangue ossigenato e l'energia data dagli alimenti sono inviati ai muscoli della mamma che si allena e "tolti" al feto, con la conseguenza di disturbi della crescita;
- la mamma rischia maggiormente di farsi male perché va incontro a cambiamenti della postura e del centro di gravità;
- il feto e la placenta rischiano maggiormente di farsi male per traumi dovuti a movimenti improvvisi, o agli effetti dello stress dell'attività fisica.

Riferimenti bibliografici:

American College of Obstetricians and Gynecologists (ACOG). *Exercise during pregnancy and the postnatal period.* Washington (DC): ACOG;1985.

Shangold MM. *Exercise during pregnancy: current state of the art.* Can Fam Physician 1989;35:1675–89.

Tarfari N, Naeye RL, Gobeze A. *Effects of maternal undernutrition and heavy physical work during pregnancy on birth weight.* Br J Obstet Gynaecol 1980;87:222–6.

Terada M. *Effect of physical activity before pregnancy on fetuses of mice exercised forcibly during pregnancy.* Teratology 1974;10:141–4.

Klebanoff MA, Shiono PH, Carey JC.*The effect of physical activity during pregnancy on preterm delivery and birth weight.*

Am J Obstet Gynecol 1990;163:1450–6.

Kulpa PJ,White BM,Visscher R. *Aerobic exercise in pregnancy.* Am J Obstet Gynecol 1987;156:1395–403.

Hall DC, Kaufmann DA. *Effects of aerobic and strength conditioning on pregnancy outcomes.* Am J Obstet Gynecol 1987;157:1199–203.

Hatch MC, Shu X, McLean DE, Levin B, Begg M, Reuss L, et al. *Maternal exercise during pregnancy, physical fitness, and fetal growth.* Am J Epidemiol 1993;137:1105–14.

Kardel KR, Kase T.*Training in pregnant women: effects on fetal development and birth.* Am J Obstet Gynecol 1998;178:280–6.

Sternfeld B, Queensberry CP, Eskenazi B,Newman LA. *Exercise during pregnancy and pregnancy outcome.* Med Sci Sports Exerc 1995;27:634–40.

Come la scienza spiega la posizione "uno"

Le nuove tendenze mediche ritengono che l'attività fisica in gravidanza previene e limita problemi alla mamma e al bambino, con benefici di lunga durata grazie alla riduzione del peso corporeo della donna e un miglioramento dell'apparato cardiovascolare.

Riferimenti bibliografici:
Gavard, Jeffrey A (JA); Artal, Raul (R); *Effect of exercise on pregnancy outcome, Clinical obstetrics and gynecology* (Clin Obstet Gynecol), : 2008-Jun; vol 51 (issue 2): pp 467-80

Clapp fu colui che determinò l'inversione di tendenza negli studi su gravidanza e attività fisica. Nella prima metà degli anni '70, sulla scorta del crescente interesse delle donne per l'attività fisica, attraverso vari studi condotti anche con pecore gravide sul tapis roulant (!) misurò gli effetti degli esercizi con pesi ad alta intensità, cioè tra il 65 e il 90% della massima capacità, prolungati di circa trenta-novanta minuti, e frequenti, vale a dire cinque e più volte la settimana. I soggetti, ovviamente donne, erano atlete agoniste nella corsa e istruttrici di aerobica. Quelle che continuavano gli esercizi con i pesi, stando sopra il 50% dei loro livelli di prima della gravidanza:

- accusavano un minor numero di disturbi tipici della gravidanza;
- aumentavano mediamente 3,5 kg in meno rispetto alle donne sedentarie;
- non registravano complicazioni quali la rottura della membrana;
- le doglie erano più brevi e meno complicate;
- richiedevano pochi interventi medici, quali, ad esempio, l'episiotomia;
- si riprendevano prima dal parto.

I bambini di queste donne:

- non accusavano una riduzione dell'apporto di ossigeno durante l'allenamento della madre;
- non facevano registrare un'incidenza maggiore di nascite premature o di peso ridotto, anche se, in media, erano di circa 400 g più leggeri;
- nascevano però con qualche giorno d'anticipo;
- avevano il 5% di grasso corporeo in meno.

Riferimenti bibliografici:

Clapp JF. *The effects of maternal exercise on early pregnancy outcome.* Am J Obstet Gynecol 1989;161:1453–7.

James Clapp III, autore di *Exercising Through Your Pregnancy* Omaha, NE: Atticus Books, 2002

O'Neill ME. *Maternal rectal temperature and fetal heart rate responses, to upright cycling in late pregnancy.* Br J Sports Med 1996;30:32–5.

Clapp JF, Simonian S, Lopez B, Appleby-Wineberg S, Harcar-Sevcik R. *The one-year morphometric and neurodevelopmental outcome of the offspring of women who continued to exercise regularly throughout pregnancy.* Am J Obstet Gynecol 1998;178:594–9.

Clapp JF, Lopez B, Harcar-Sevcik R. *Neonatal behavioral profile of the offspring of women who continued to exercise regularly throughout pregnancy.* Am J Obstet Gynecol 1999;180:91–4.

Clapp JF, Little KD.*The interaction between regular exercise and selected aspects of women's health.* Am J Obstet Gynecol 1995;173:2–9.

Come spiego entrambe le posizioni

Sono sempre di più le ricerche scientifiche che suggeriscono come una donna, se sana e bene alimentata, possa svolgere un gran numero di attività fisiche durante la gravidanza. Queste ricerche iniziarono a uscire sulle riviste scientifiche solo a partire dagli anni '80 e le più conclusive sono veramente recenti. Una cosa è da notare: la posizione "zero" era veramente troppo conservatrice, mentre la posizione “uno” richiede che la mamma svolga l’attività fisica dotata delle migliori informazioni per evitare danni al bambino e a se stessa.

Ricordiamo ancora il segreto n. 1: che ti alleni o no durante la gravidanza, ribadisco che è importante che almeno tu lo abbia fatto prima. Se la mamma è in forma, è più probabile che lo sia anche il bambino – tanto alla nascita quanto da adulto.

Ricorda che qualsiasi cosa tu scelga di fare durante la tua gravidanza, sarà per la tua salute e per quella del tuo bambino, non per il tuo peso o la tua forma fisica! Il tuo corpo diventa uno scrigno che custodisce un preziosissimo gioiello. Non è il momento per considerarlo un fine. È un mezzo!

Allenarti o no? Le possibilità sono: sì, no, dipende

Sì!

Rimanere attiva è importante, a meno che il tuo ginecologo non ti abbia consigliato diversamente. Puoi allenarti leggermente e con cautela mantenendo parte dei risultati raggiunti. Ricorda che in gravidanza è già tanto mantenere, non è il momento per pensare di registrare un nuovo record personale o raggiungere un certo obiettivo.

No!
Se è quello che consiglia il ginecologo.

Dipende!
Prenditi nove-dieci mesi di riposo e ammira il tuo fisico che cambia. A volte è intelligente fermarsi. Questo non vuol dire rinunciare a tutto. Inoltre non è detto che ti debba deprimere, pure se eri abituata a praticare molto sport. È la strategia che ho adottato per la mia prima gravidanza e te ne parlo nel Giorno 3: "Come gestire l'attività sportiva durante la gravidanza".

Beh, "sì" e "no" non sono le uniche due possibilità. Penso che la soluzione ideale per te sia... personalizzare.

Come scegliere se allenarti o meno?

1 – Parlane con il medico. Appura se la tua gravidanza e il tuo stato di salute ti permetterebbero di allenarti.

2 – Pensa a cosa ti rende felice: portare avanti gli allenamenti o smettere? Una mamma mi ha raccontato di aver continuato ad allenarsi perché stava vivendo un grosso problema sentimentale. L'alternativa era cadere in depressione. Io, per me stessa, scelsi di fermarmi. Che senso ha lottare contro gli ormoni della gravidanza? I quali, abbiamo visto, abbelliscono per alcuni aspetti ma sono una "catastrofe estetica" per altri.

Altre mamme smettono perché pensano che non abbia senso "rischiare". Se allenarsi in gravidanza faccia male o meno, se possa rappresentare un rischio, è da spiegare meglio. Ne parliamo più avanti, tra poco.

Nel caso tu non abbia mai praticato un'attività fisica con costanza, la gravidanza può non essere il momento migliore per iniziare. Va detto che la gravidanza rimane pur sempre un'occasione per imparare a conoscere meglio il proprio corpo e, in questo contesto, rientra anche l'inserimento di un po' di attività fisica. Con quale progressione e badando a cosa te lo racconto nel Giorno 4: "Come allenarsi durante la gravidanza".

Imperfezioni e inestetismi che puoi o non puoi evitare durante la gravidanza

Una mamma in attesa si preoccupa di tutto: l'ho fatto anche io. Basta un'occhiata ai forum online. C'è un argomento che regna principe tra le preoccupazioni dei nove mesi: i cambiamenti del proprio corpo, ai quali le mamme prestano molta attenzione, per poi essere le prime a trascurarlo una volta che hanno da accudire il bambino. Vediamo alcuni di questi inestetismi, che non sono gravi ma sicuramente possono infastidire e, se non conosciuti, preoccupare.

Smagliature

Cosa sono e dove sono

Sono linee dal colore variabile da rosa pallido a violaceo. Possono apparire sull'addome, sui glutei, sul petto, sulle cosce, sulle braccia.

Cause

Il rapido aumento di peso abbinato all'allargarsi della circonferenza di pancia e fianchi stira la pelle con un ritmo talmente rapido da non permettere di compensare con la normale elasticità cutanea. Un'altra causa determinante possono essere le variazioni ormonali, la riprova è che possono verificarsi anche in donne che non hanno preso molto peso durante la gravidanza.

Chi è a rischio

Le donne giovani, sovrappeso, obese, con bambini molto grossi, con una storia familiare di smagliature durante la gravidanza. In generale possono formarsi oppure no, a seconda dell'elasticità della pelle. Se si formano, soprattutto quelle sull'addome, possono predire le lacerazioni al perineo in caso di parto vaginale. Chi ne ha, corre un rischio maggiore rispetto a chi non ne ha.

Riferimenti bibliografici:
Wahman AJ, Finan MA, Emerson SC. *Striae gravidarum as a predictor of vaginal lacerations at delivery.* South Med J. 2000 Sep;93(9):873-6.

Quando aspettarsele?

Di solito arrivano con il terzo trimestre in corrispondenza del periodo di massimo accrescimento del bambino.

Come lo spiega la scienza

Le creme in vendita contro le smagliature in gravidanza sono numerose, ma quale funziona? In uno studio scientifico, diversi tipi di creme sono state confrontate con un placebo, cioè una crema senza principi attivi. Ne è emerso che una crema a base di estratto di centella asiatica, alfa-tocoferolo e idrolisati di collagene ed elastina aiutava a prevenirle, ma solo in donne che ne avevano avute durante gravidanze precedenti. In altre ricerche è stata addirittura avanzata l'ipotesi che sia l'azione del massaggio, indipendentemente dalla crema, ad aiutare nella prevenzione delle smagliature.

Come lo spiego io

Se l'incremento di peso non è esagerato, o perlomeno non è oltre l'elasticità della pelle del soggetto, e la variazione ormonale è tollerata bene, una donna può uscire dalla gravidanza senza smagliature. Questa è stata la mia fortuna. Non è che ne sia priva, ma quelle che possiedo furono causate dalle variazioni di peso e di ormoni nella pubertà.

I miei buoni propositi erano comunque di utilizzare una famosa crema per le "striae gravidarum", come scientificamente sono chiamate queste "cerniere" della pelle. L'ho spalmata molto saltuariamente, quasi per niente... se l'avessi fatto, avrei dato a quella crema il merito di non avere subito smagliature in gravidanza. Invece doveva andare proprio così solo grazie alla mia genetica.

Riferimenti bibliografici:
Young GL, Jewell D. *Creams for preventing stretch marks in pregnancy* Cochrane Database Syst Rev. 2000;(2):CD000066. Review.

Linea nigra

Cos'è e dove è

Una linea scura verticale, larga circa un centimetro e di lunghezza variabile, che scorre sull'addome, dallo sterno al pube, passando per l'ombelico.

Cause

La tempesta ormonale della gravidanza stimola la produzione di pigmenti, facendo scurire molte parti del corpo.

Chi è a rischio

Le donne brune o di colore sono soggette a una linea nigra più scura, per converso quelle bionde la presentano più tenue.

Quando aspettarsela?

Appare nel secondo trimestre.

Come lo spiega la scienza

Non ha particolare significato, se non quello dell'azione degli ormoni sui pigmenti.

Come lo spiego io

Si scolorisce gradualmente a partire dalla nascita del bambino. Può volerci anche un anno per la sua scomparsa totale.

Cloasma gravidico o "maschera della gravidanza"

Cos'è e dove è

Zone di pigmentazione scura. Soprattutto su fronte, labbro superiore, zigomi e naso.

Cause

L'azione di alcuni ormoni fa aumentare la produzione di pigmento. Il sole aggrava la situazione.

Quando aspettarselo?

A partire dal quarto mese. Scompare dopo il parto oppure entro due-tre mesi.

Come lo spiega la scienza

Potrebbe essere dovuto a una carenza di acido folico.

Vene varicose

Cosa sono e dove sono

Le vene diventano molto visibili e sporgenti, solitamente sulle gambe.

Cause: quando aspettarsele?

Nel corso della gravidanza, soprattutto in concomitanza al maggiore aumento di peso corporeo.

Come lo spiega la scienza

L'aumento di sangue fa precipitare la situazione, soprattutto in chi ha una storia familiare di vene varicose.

Come lo spiego io

Possono essere prevenute o ridotte con alcuni accorgimenti e con lo stile di vita fitness:

- evita di stare in piedi o seduta per molto tempo;
- cammina per facilitare il ritorno del sangue dagli arti inferiori al cuore;
- cerca di sollevare le gambe quando siedi.

Disturbi che puoi o non puoi evitare durante la gravidanza

Sebbene la gravidanza possa presentare molti fastidi, per un certo numero di essi ci sono piccoli passi da fare per evitarli o quanto meno alleviarli, soprattutto prima della gravidanza! Chiedi in ogni caso al medico.

Mal di schiena

Il peso corporeo sale ed è concentrato per lo più davanti, sul pancione: anche se sei dotata di poche conoscenze di fisica, appare ovvio che debba diventare difficile mantenere l'equilibrio e camminare normalmente. Soprattutto è quasi scontato che la schiena possa risentirne.

ATTENZIONE

Cerca di non abituarti al mal di schiena al punto da trascurarlo. Un dolore alla bassa schiena, eventualmente accompagnato da perdite di sangue dalla vagina, può segnare l'inizio del travaglio.

Bonus: come allenarsi per mantenere forte la bassa schiena

Per alleviare il mal di schiena è possibile svolgere alcuni esercizi durante la gravidanza. Puoi farli anche se hai scelto di non allenarti nel vero senso del termine. Se hai la scoliosi, starai già seguendo un percorso personale per quanto riguarda esercizi e regole di postura. In ogni caso, parlane sempre con il medico prima di introdurre qualunque esercizio o programma d'allenamento.

Stretching

Parte del mal di schiena è dovuto all'irrigidimento di alcuni muscoli. Allentarli e restituire loro un po' di elasticità ti darà un certo sollievo.

La posizione del gatto (stretching della bassa schiena):

1. mettiti a quattro zampe sul pavimento;

2. inarca la schiena mentre guardi sotto la pancia, verso le ginocchia.

La posizione della mucca (stretching dell'addome):

1. mettiti a quattro zampe sul pavimento;
2. abbassa la schiena come per spingere dolcemente la pancia verso il pavimento. Guarda in avanti.

Bodybuilding

Rinforzare i muscoli del core è doveroso per evitare il mal di schiena. Ne parliamo nel Giorno 4: "Come allenarsi durante la gravidanza".

Esercizi a corpo libero

Un valido esercizio, anche se fosse l'unico che esegui, facile e che può essere fatto ovunque, è il seguente:

Ponte frontale o asse (rinforza il core):

1. mettiti per terra in appoggio su mani e piedi;
2. tieni la schiena diritta. Le palme delle mani dovrebbero essere in linea d'aria sotto le spalle;

3. contrai i muscoli del *core*;
4. le anche devono essere allineate con spalle e piedi;
5. mantieni la posizione finché puoi.

Rannicchiati:

1. sdraiata a terra, porta le ginocchia, leggermente divaricate, al petto;
2. mantieni la posizione mentre senti la colonna vertebrale che si allunga e la bassa schiena che si appiattisce.

Distensione della colonna:

1. in piedi, gambe leggermente divaricate, ginocchia appena piegate;
2. abbassa il mento sul petto;
3. lascia cadere le braccia in avanti;
4. muovi qualche passo in questa posizione.

Relax sulla swiss ball

Tieni presente che, al posto di questa enorme palla da ginnastica, se non l'hai a casa, puoi utilizzare anche una sedia con un cuscino sopra oppure più cuscini impilati. Ora rilassati:

1. in ginocchio, appoggia la testa, con la fronte o una guancia,

sulla swiss ball;
2. lascia che il collo e la schiena si rilassino, la colonna si allunghi.

Indicazioni per evitare il mal di schiena

- evita i tacchi alti;
- non stare in piedi o seduta a lungo;
- se ti devi piegare per sollevare qualcosa, piega le gambe: cioè, accovacciati come nell'esercizio di bodybuilding chiamato "squat". Mai piegare il busto!

Piedi gonfi

Ho già accennato che i cambiamenti fisici della gravidanza possono stressare e appiattire la volta plantare, cioè l'arco longitudinale e quello metatarsale, corrispondente grosso modo alle ossa delle dita, con ripercussioni sulla colonna vertebrale e la circolazione. A ciò si aggiunge il gonfiore per la ritenzione idrica tanto da renderti difficile calzare le solite scarpe di sempre. Mi ricordo che al termine della mia gravidanza avevo difficoltà perfino a indossare delle infradito!

Cosa fare

- evita di stare in piedi a lungo e, in caso, fai pause frequenti;
- tieni le gambe sollevate appena possibile e ogni volta che ti siedi;
- acquista calzature più grandi, in modo che vadano bene per l'attuale situazione dei tuoi piedi. Presta attenzione a sceglierne con un buon supporto dell'arco plantare, e che non comprimano l'avampiede e le dita;
- effettua semplici esercizi per le caviglie, come quelli che ti spiego qui di seguito.

Flessione plantare (rinforza i muscoli di caviglia e polpaccio):

1. in piedi, tieniti per mantenere l'equilibrio al bordo di un tavolo o allo schienale di una sedia;
2. mettiti sulle punte dei piedi per tre secondi;
3. riabbassati lentamente.

Esegui quindici volte il movimento (*ripetizioni*) per due o tre volte (*serie*).

Flessione plantare, un piede per volta (rinforza i muscoli di caviglia e polpaccio, livello più avanzato):

1. in piedi, tieniti per mantenere l'equilibrio al bordo di un tavolo o allo schienale di una sedia;
2. mettiti sulla punta del piede sinistro per tre secondi;
3. riabbassati lentamente;
4. esegui quindici ripetizioni. Terminate, ripeti con il piede destro;
5. effettua per due o tre volte (serie).

Estensione della gamba (rinforza coscia e gamba):

1. seduta su una sedia, con la schiena appoggiata;
2. punta solo l'avampiede e le dita del piede sul pavimento. Se la sedia è troppo bassa per farlo, sistema un asciugamano arrotolato nella cavità dietro le ginocchia;
3. solleva una gamba lentamente, portandola a essere parallela al pavimento;
4. fletti il piede portando la punta verso di te. Mantieni la posizione per due secondi;
5. riabbassa lentamente le gambe;
6. ripeti con l'altra gamba;
7. continua ad alternare le gambe fino ad avere eseguito due-tre serie da quindici ripetizioni per ogni gamba.

ATTENZIONE

Avverti il medico se il gonfiore:

- è elevato o compare improvvisamente;
- è localizzato in una sola gamba, soprattutto se accompagnato da dolore o sensibilità al polpaccio o alla coscia.

Dolore alle ginocchia

È possibile avvertire disagio con movimenti o esercizi nell'articolazione delle ginocchia, perché, come già detto, in gravidanza si instaura una difficoltà nel tenere l'equilibrio in movimento. Il termine appropriato è "instabilità dinamica" ed è, in maggiore misura, dovuta alla lassità dei legamenti.

Cosa fare

- rinforza i muscoli che estendono la gamba;
- evita di inginocchiarti, accucciarti, metterti in quadrupedia;
- evita di iperestendere le ginocchia;
- elimina ogni attività fisica e, nelle specifico, ogni esercizio che possa danneggiare l'articolazione del ginocchio e i suoi legamenti: jogging, corsa in discesa, squat, affondi, pressa, leg extension.

Leg extension (rinforza il ginocchio)

Esegui questo esercizio con l'apposita macchina in palestra. Fatti spiegare bene l'esecuzione e non salire oltre i 45-90°.

Dolore al pube

Verso il termine della gravidanza gli ormoni allentano anche legamenti forti come quelli della *sinfisi pubica* (parte destra e sinistra del pube unite insieme). Questo effetto può permanere per un po' di tempo. Il dolore al pube o una tensione all'interno della coscia sono segno che il pube è instabile.

Cosa fare

- consulta il medico prima possibile;
- evita lo stretching dei muscoli inguinali, la posizione dell'ostacolo per lo stretching e gli slanci laterali delle gambe;
- fai attenzione spostando oggetti pesanti: evita torsioni o flessioni della colonna vertebrale mentre li sorreggi.

Dolore all'articolazione sacro-iliaca

Causato dalla lassità dei legamenti verso il termine della

gravidanza o nel periodo post partum, è un disturbo doloroso che può dare debolezza in una o in entrambe le gambe, oltre che spasmi muscolari alla bassa schiena.

Cosa fare

- evita di piegarti in avanti, di assumere posizioni scomposte, di sollevare oggetti pesanti, di sederti con le gambe accavallate o di lato, di stare in piedi a lungo, di fare salite ripide;
- non allattare senza tenere sostenuta la schiena;
- non eseguire gli esercizi di pilates (tutti);
- consulta il medico prima possibile, meglio ancora un fisioterapista o chiroterapeuta specializzato in problemi pre e post-natali.

Dolore al coccige (osso sacro)

Il *coccige*, la parte terminale della colonna vertebrale, assieme all'articolazione sacro-iliaca, è molto vulnerabile durante e dopo la gravidanza. Nel corso del parto la curvatura naturale del coccige si appiattisce ed è spinta all'esterno mentre il bambino passa attraverso la pelvi.

Cosa fare

- siediti distribuendo bene il peso sull'osso ischio, del quale parleremo nel paragrafo successivo, e non "sprofondare" sull'osso sacro. Quando stai seduta, puoi sistemare un piccolo cuscino o un asciugamano arrotolato dietro il punto vita per evitare di sprofondare e per tenere in posizione neutra la parte lombare della colonna vertebrale. A volte, soprattutto se hai rigidità alle anche e alla bassa schiena, è meglio sederti in maniera che le cosce siano leggermente inclinate verso il pavimento invece che parallele;
- evita ogni esercizio in cui ti pieghi indietro inarcando la schiena: inutile dire che questo tipo di esercizi è sbagliato quasi sempre e assolutamente da evitare nella gravidanza e nel post partum;
- se il coccige continua a farti male dopo il parto, consulta il medico o il ginecologo.

Lo sapevi?

Dov'è l'osso ischio? Fa parte dell'anca insieme all'osso iliaco e all'osso pubico. Solo durante la formazione dell'embrione sono ossa distinguibili: nell'adulto ormai si presentano come fuse insieme nel bacino. La zona corrispondente all'ischio è, in ogni caso, la parte posteriore e inferiore del bacino: come, per contro, il pube è quella anteriore e inferiore.

Dolore ai legamenti rotondi dell'utero

Il legamento rotondo è collocato, duplicemente, a destra e a sinistra dell'utero per sostenerlo nella cavità addominale. Man mano che l'utero cresce questi legamenti devono allungarsi e ingrossarsi, stando sempre in tensione, cioè "al lavoro".

Il tipo di dolore che puoi sentire, di solito dal secondo trimestre, è ambivalente: acuto e lancinante oppure prolungato e lieve. Può comparire cambiando posizione, girandoti, alzandoti da seduta, tossendo, camminando o facendo molta attività fisica.

Cosa fare

- se il dolore non scompare dopo il riposo, chiedi al medico;
- per alleviare il dolore, decontraendo il legamento rotondo, puoi eseguire il seguente esercizio dal lato dolorante:

"Hip hiker" o esercizio di escursione dell'anca (per il dolore al legamento rotondo):

1. in piedi con il lato opposto all'anca che ti fa male accanto a una parete o un mobile, reggiti per mantenere l'equilibrio;
2. solleva il piede dell'anca dolorante e tienilo all'altezza della caviglia opposta;
3. solleva l'anca dolorante verso l'alto, in direzione dell'ascella dello stesso lato del corpo. Fai attenzione a sollevare solo l'anca, cioè la pelvi, mentre il resto del corpo rimane fermo;
4. mantieni questa posizione per dieci secondi, oppure finché il dolore si è ridotto;
5. riappoggia la gamba a terra;
6. rimani in piedi su entrambe le gambe per qualche secondo.

Dolore alla cassa toracica

Nel corso della gravidanza la cassa toracica va incontro a una continua espansione, sia per l'ovvio fatto di fare posto all'utero in accrescimento e al bambino, sia perché la capacità polmonare della mamma deve aumentare in vista di un maggiore fabbisogno di ossigeno. Può accadere, quindi, che una mamma senta dolori alle costole e questi dolori siano indipendenti da qualche "spinta" del bambino stesso.

Cosa fare

- assumi facili posizioni di stretching statico per la cassa toracica e la colonna vertebrale;
- applica alcune tecniche di respirazione che potrai probabilmente apprendere già al corso pre-parto.

Dolore alle spalle

Nel periodo post partum vedrai che portare in braccio il bambino, piegarti e sollevarlo, insomma ogni operazione collegata alla sua cura e al suo gioco, ti darà un po' di problemi nella parte superiore del collo fino giù alle spalle. Il problema comincia dalla gravidanza: già il seno che si ingrossa e si fa più pesante, insieme a un indebolimento dei muscoli addominali, squilibra l'allineamento ideale delle ossa del torace, riducendo o compromettendo la funzionalità dei muscoli. Tecnicamente i muscoli elevatori della scapola sono sempre sotto tensione, mentre gli antagonisti, quelli che al contrario la abbassano, sono indeboliti.

Cosa fare

- effettua alcune semplici e delicate posizioni di stretching statico per collo, pettorali e spalle;
- rinforza i gruppi muscolari che tendono a indebolirsi in gravidanza;
- evita di dormire con il collo troppo piegato indietro o, al contrario, troppo in avanti;
- ricordati di tenere sempre una postura corretta, tanto da seduta quanto da eretta;
- arrivata all'allattamento, occhio alle posizioni che assumerai. Nel Giorno 6: "Come tornare in forma dopo il parto" parlerò di "allattamento ergonomico".

Dolore al collo

Appena la parte superiore della colonna vertebrale non è più correttamente allineata, il collo fa male, perché la testa, per compensare, scivola in avanti. La conseguenza è che i muscoli elevatori delle scapole sono contratti e accorciati.

Cosa fare

- dormi in posizioni con il collo in allungamento, mai incassato

in avanti o inarcato indietro;
- presta attenzione all'allineamento della testa mentre guidi e quando sei seduta.

Esercizio (per la corretta posizione della testa)
1. in piedi, appoggia schiena, in posizione neutra, e la testa contro una parete. Tieni le gambe leggermente piegate, i piedi a circa 30 cm dalla parete e distanziati alla larghezza dei fianchi;
2. abbassa il mento sul petto senza staccare la testa dalla parete;
3. premi la testa contro la parete per cinque secondi;
4. rilassa la muscolatura e riporta la testa nella posizione neutra;
5. ripeti quattro volte.

Dolore al polso

Forse hai già sentito qualcuno che si lamentava della "sindrome del tunnel carpale". È un dolore localizzato tra mano e polso, che talvolta si estende fino al braccio, causato dalla compressione di un nervo che passa in vicinanza del polso e si inserisce nella mano. La compressione è aggravata dalla gravidanza con il tipico gonfiore, ritenzione idrica e aumento del volume di liquidi, nonultimo l'incremento di sangue.

Cosa fare

- non trascurare il dolore e consulta uno specialista;
- cerca di limitare l'uso del polso, dato che si tratta di traumi originati da un uso cronicamente eccessivo, per quanto sia possibile a una mamma non prendere in braccio il proprio bambino! (Impraticabile…);
- evita gli esercizi che prevedano una flessione del polso o una tensione sulle mani dovuta al gravare di un peso elevato: push-up, distensioni su panca piana, esercizi in quadrupedia dove appunto ti appoggi sulle mani;
- cerca di tenere i polsi in posizione neutra: né flessi né estesi;
- fai attenzione alla posizione delle mani sulla tastiera del computer. Usane di ergonomiche, oppure indossa gli appositi polsini.

SEGRETO **n. 9: molti disturbi tipici della gravidanza possono essere in parte prevenuti o comunque affrontati con esercizi che ne riducano il fastidio.**

Lo strano caso della pregoressia

"Pregoressia" è il termine coniato per indicare un disagio: quello delle mamme che tentano di rimanere magre durante la gravidanza seguendo diete restrittive e sottoponendosi ad allenamenti severi. Vogliono tentare di imitare le celebrità? La stampa inglese ha diffuso il termine intorno al 2007 per indicare il comportamento assunto da alcune attrici: avere cercato di limitare l'aumento di peso corporeo durante la gravidanza. Sbagliando, senz'altro, perché ciò comporta rischi per la mamma e per il bambino. Abbiamo visto che il segreto del tornare in forma velocemente, proprio per molte celebrità, sta nell'essere in forma già prima della gravidanza.

L'ancora più strano caso del "mommy job"

Va pure di moda un pacchetto di interventi chirurgici (sì, perfino tutti insieme in una sola operazione!) per ridare alle mamme il fisico pre-gravidanza, cancellando nel giro di una notte i segni della gestazione, del parto e dell'allattamento. Ovviamente non si può avere niente del genere in una notte, e non tutti gli interventi di chirurgia plastica danno il risultato che sogniamo. Questo pacchetto è chiamato "mommy job", o "post-pregnancy tune-up", o "mommy remake", o, ancora, "mommy makeover". Sta riscuotendo una crescente popolarità, perché gira voce che sia quello a cui ricorrono le star, attrici come Angelina Jolie e Minnie Driver (interprete di film quali *Grosse Pointe Blank* e *Good Will Hunting*).

Sai qual è lo sbaglio? Eh sì, ancora una volta: non essere in forma prima della gravidanza. Ma non solo: trattare il proprio corpo senza rispetto, perché sono interventi quasi mai giustificati o privi di rischi per la salute. E, in più, diffondono e perpetuano il falso messaggio che con la gravidanza il corpo femminile debba e possa peggiorare.

L'attrezzo più importante: la mente!

Oltre il 50% delle donne in gravidanza, soprattutto nel primo e nel terzo trimestre, avverte una riduzione della memoria a breve termine, per cui può capitare che si faccia domande come la seguente: «Dove ho messo le chiavi della macchina?» Negli ambienti anglosassoni è chiamato "pregnancy brain" cioè "cervello da gravida" o "amnesia da gravidanza".

Come lo spiega la scienza

Siamo ferme all'evidenza aneddotica di un buon numero di

donne. La scienza non ha ancora molti studi concludenti su memoria e gravidanza. Per alcuni medici il "pregnancy brain" è un'invenzione, altri invece ipotizzano come spiegazione gli effetti dell'ormone progesterone, che causa emicranie, dimenticanze, affaticamento, variazioni dell'umore.

Cosa fare

- il cervello non è un muscolo, ma comanda, tramite gli impulsi nervosi, tutti i muscoli. Devi mantenerlo efficiente e allenato;
- il sonno è basilare per mantenere efficiente il cervello. Cerca di dormire tanto quanto dormivi prima della gravidanza. L'attività fisica ti aiuta a mantenerti lucida. Preferibilmente fanne una all'aria aperta;
- segnati le cose importanti su un quaderno;
- allontana lo stress e rilassati con qualcosa che ti piace ogni giorno, ad esempio un buon libro o un bagno profumato.

RIEPILOGO DEL GIORNO 2:

SEGRETO n. 5: durante la gravidanza non devi tentare di perdere peso. L'incremento di peso è necessario.

SEGRETO n. 6: parla con il ginecologo e il personal trainer/istruttore di cosa pensi e di come ti senti davanti all'incremento di peso che ti si prospetta. Razionalizza paure e timori di ingrassare troppo evitando comportamenti sbagliati dettati solo da emozioni negative.

- SEGRETO n. 7: una sana alimentazione, senza eccessi, e la quantità corretta di attività fisica sono più importanti dei chilogrammi accumulati durante la gravidanza.
- SEGRETO n. 8: la gravidanza non deve essere un invito a lasciarti andare, ma ad agire per il tuo benessere e la tua bellezza forte dell'equilibrio mentale e dell'accettazione di come sei, nel bene e nel male.
- SEGRETO n. 9: molti disturbi tipici della gravidanza possono essere in parte prevenuti o comunque affrontati con esercizi che ne riducano il fastidio.

GIORNO 3:
L'attività sportiva durante la gravidanza

Il tuo benessere come gestante, in ultima analisi, è legato a doppio nodo con quello del tuo bambino o meglio con la prevenzione dei suoi disturbi. Il fitness è solo uno dei modi attraverso i quali agire sul benessere del bambino durante la gravidanza. Il mondo intero agisce già sul bambino nella pancia filtrato dal corpo e della psiche della mamma. Ricordatelo: sei uno scrigno per il tuo bambino. Hai la responsabilità di mantenere, nei nove mesi, questo scrigno nella migliore condizione possibile.

Una gravidanza "in forma" senza fitness

Durante la gravidanza è possibile, sentito il parere del ginecologo, continuare a praticare, con i dovuti accorgimenti, gran parte delle attività fisiche precedenti. Allenarsi e condurre una vita fitness nel senso pieno del termine è un complemento perfetto a una gravidanza che procede bene. Però, come abbiamo già detto, in gravidanza è ancora più importante la salute del tuo bambino:

ecco pertanto un ulteriore fondamentale segreto per essere una mamma in forma:

SEGRETO n. 10: allenarsi e condurre una vita fitness nel senso pieno del termine è un complemento perfetto a una gravidanza che procede bene. Però sappi quando metterti a riposo ed evitare pericoli inutili.

Quando "no" è "no"

Nonostante il parere ultimo spetti al medico, ci sono alcune patologie che escludono senz'altro l'attività fisica in gravidanza:

- cerchiaggio;
- diabete;
- gravidanza gemellare;
- ipertensione;
- malattie cardiovascolari;
- parto pretermine in una precedente gravidanza;
- perdite di sangue nel secondo o terzo trimestre;
- placenta previa;
- preeclampsia in una gravidanza precedente;
- rottura prematura delle membrane.

Rimane sicuro, però, anche in presenza del nullaosta del ginecologo, che alcune attività sono estremamente rischiose durante la gravidanza e pertanto risultano controindicate. La lista è soltanto un esempio, e dovrebbe servire a rendere l'idea. Non è certamente esaustiva e per alcune discipline ti sembrerà anche strano doverlo dire: eppure, a volte, il concetto di pericoloso è davvero molto relativo da persona a persona.

In generale, le seguenti attività sono controindicate per motivi che dovrebbero apparirti ovvi: richiedono sforzi bruschi, comportano rischio di cadute, inducono contrazioni dei muscoli addominali. A questo aggiungi che in gravidanza sei più pesante: il baricentro si sposta, i legamenti sono più lassi e tutto sommato non hai un ottimo equilibrio.

Rischi di farti male anche con uno sport poco pericoloso, figuriamoci con questi:

- bungee jumping;
- ciclismo;
- equitazione;
- ginnastica (aerobica ad alto impatto);

- hockey sul ghiaccio;
- interval training;
- mountain bike;
- pattinaggio sul ghiaccio;
- pallavolo;
- pallacanestro;
- arrampicata su roccia;
- river rafting;
- scatti di velocità ("sprint");
- sci;
- sci d'acqua;
- skydiving;
- snow board;
- sport ad alto impatto;
- tennis;
- immersioni (come diremo in "Lo sapevi?");
- tuffi.

Riferimenti bibliografici:

Broso P, Buffetti G. *Sports and Pregnancy*, Minerva Ginecol. 1993 Apr;45(4):191-7

Lo sapevi?

Il feto non è protetto contro i disturbi da decompressione né dall'embolia.

Riferimenti bibliografici:
Camporesi EM. *Diving and pregnancy.* Semin Perinatol 1996;20:292–302

Lavorando nelle palestre ho visto e mi hanno raccontato tante esperienze collegate alla gravidanza e al fitness. Sebbene abbia assistito mamme in attesa che hanno seguito qualche trimestre di step aerobics, con le dovute cautele e con un po' di perplessità da parte mia, ho anche raccolto le testimonianze tristissime di altre mamme, come quella di una insegnante di aerobica, che pensano purtroppo che avere protratto l'attività in gravidanza sia stata la causa dell'aborto subito nei primi mesi.

Uno studio danese condotto su ben 92.000 donne ha indicato che dopo la diciottesima settimana di gestazione il rischio di aborto per colpa dell'attività fisica non aumenta, e anzi non pare collegato. Prima della diciottesima il rischio è strettamente collegato alla quantità e al tipo di ginnastica. Per esempio, mamme che si allenavano più di sette ore la settimana con attività ad alto impatto, quali tennis e jogging, incorrevano quasi nel quadruplo di probabilità di abortire.

Riferimenti bibliografici:

Madsen M, Jørgensen T, Jensen ML, *et al.* (2007). *Leisure time physical exercise during pregnancy and the risk of miscarriage: a study within the Danish National Birth Cohort* *BJOG* **114** (11): 1419–26. doi:10.1111/j.1471-0528.2007.01496.x. PMID 17877774.

Stevenson L., *Exercise in pregnancy. Part 1: Update on pathophysiology*, Can Fam Physician. 1997 Jan;43:97-104.

Quando arriva lo stop

Anche qualora tu abbia avuto il permesso e possa allenarti, occorre che tu tenga conto dei seguenti segnali e che smetta immediatamente l'attività fisica in questione, rivolgendoti al medico, in caso di:

- assenza di movimenti fetali;
- contrazioni e inizio del travaglio pretermine;
- debolezza muscolare;
- difficoltà a camminare;

- difficoltà a respirare ancora prima di iniziare l'attività fisica (dispnea);
- dolore addominale;
- febbre;
- forte emicrania;
- frequenza cardiaca o valori pressori che non tornano alla normalità entro trenta minuti dal termine dell'allenamento;
- gonfiore di caviglie, polpacci, mani o volto;
- notevole sensazione d'affaticamento;
- perdita del fluido amniotico;
- problemi alla vista;
- sanguinamento vaginale;
- vertigini o svenimento.

Secondo l'ACUG (*American College of Obstetrics and Gynecology*), ad esempio, già avere avuto tre aborti spontanei nel passato è una controindicazione ad allenarsi.

Considerando che le variabili e i casi sono tantissimi, è davvero raccomandabile che parli chiaramente con il tuo medico analizzando ogni possibile vantaggio o svantaggio all'allenamento durante la gravidanza relativamente a te stessa, al tuo stato di salute passato e attuale, alla tua gravidanza in corso.

Tieni sempre in grande considerazione i suoi consigli: i medici, sebbene alcuni di loro non siano grandi simpatizzanti del fitness, possiedono tutte le conoscenze per avere un quadro completo della situazione e consigliarti in modo da *non* nuocere a te stessa e al tuo bambino. Ti faccio un esempio personale. Ho alle spalle oltre un ventennio di pratica del bodybuilding, dedicato, per oltre la metà all'agonismo.

All'inizio della mia gravidanza il ginecologo mi aveva consigliato di continuare ad allenarmi ma... con esercizi a corpo libero o comunque molto molto leggeri! Pensi che la cosa mi abbia offesa considerandola una scarsa stima della mia preparazione atletica? Niente affatto. Mi ha permesso di riflettere meglio e di adottare la soluzione migliore per me stessa in quel momento: interrompere del tutto l'allenamento.

SEGRETO n. 11: è importante capire quando fermarti e non allenarti, oltre a saper riconoscere un'attività fisica pericolosa in gravidanza.

Come non risentire della mancanza dell'allenamento. Strategie per evitare di deprimerti

«Se non mi alleno, cosa faccio?», penserai. Beh, rifletti. Anzitutto avrai il lavoro e poi qualche altro tuo hobby abituale, voglio ben sperare. Infine, anzi per prima cosa, avrai da documentarti sulla gravidanza e preparare tutto quanto necessario per l'arrivo del bebè. Non credo che i nove mesi possano davvero trascorrere nella noia!

Quindi puoi sempre utilizzare questi mesi per informarti e imparare, perfino sull'argomento del fitness e su come potrai allenarti dopo il parto interrogandoti su cosa vuoi e devi fare, su quale sport ti piacerebbe praticare, come e perché.

In pratica... se non puoi allenarti, puoi pur sempre iniziare a progettare come allenarti dopo e come vorrai migliorare il tuo fisico in seguito alla nascita del bambino! Puoi migliorare molte altre sfere del benessere e cambiare il ritmo di vita quotidiano. Ricordati che l'alimentazione è in gran parte un elemento che puoi controllare tu stessa, e che un comportamento alimentare scorretto, prima durante e dopo la gravidanza può danneggiare il tuo bambino.

Anche fattori non totalmente controllabili, come lo stress, possono essere “manipolati” in una certa misura: se siamo serene emotivamente, abbiamo una maggiore probabilità di un funzionamento migliore del nostro corpo. Lo stress è dannoso, per noi e per il bebè, e penso che purtroppo non occorra fare esempi: in gravidanza, un aumento dell’ormone dello stress, chiamato “cortisolo”, è responsabile di parti prematuri e morte neonatale.

Sfruttando quella magia della gravidanza che porta a un profondo collegamento tra corpo e mente, tra fisico e cuore magari, mai provato prima per molte donne, potrai utilizzare questi mesi per sviluppare una maggiore consapevolezza “psicocorporea”. ecco come rilassarti ed entrare in sintonia con la parte migliore di te stessa:

- parla al tuo bambino. Che sia ad alta voce oppure con un monologo interiore, fallo sempre in modo calmo e dolce;
- accarezzalo attraverso il pancione;
- dedica tempo al rilassamento: ascolta musica, leggi, applica qualche tecnica respiratoria adatta per la gravidanza;

- dedica tempo alla riflessione: prova con la visualizzazione, scegli un'immagine positiva e carica di energia, adatta al tuo stato d'animo, e concentrati rendendola il più viva possibile. Prefigurati qualcosa di positivo e gira come un film mentale del suo verificarsi: tutto deve essere vivido, tranquillo e piacevole. In pratica, se la tua mente fosse il software del tuo corpo, programmalo al successo!
- scrivi un diario, quotidiano o secondo qualsiasi altra cadenza. Non aver paura delle tue emozioni positive o negative, analizzale e cerca, per quanto possibile, di risolverle;
- iscriviti a un forum online oppure fai amicizia con mamme che sono al tuo medesimo mese di gravidanza: potrai avere un notevole supporto e, inoltre, l'empatia tra donne può creare una forte spinta psicologica.

Smettere di allenarsi continuando a sentirsi bene con il proprio corpo: cure personali, massaggi, bagni, passeggiate e sana alimentazione

Esistono varie attività, se non proprio di fitness, di benessere e di ordine pratico collegate al proprio corpo che una mamma in attesa può e forse deve seguire tanto per la cura del proprio aspetto estetico quanto per la propria salute, che, lo ripeto ancora, si ripercuote su quella del bambino.

SEGRETO n. 12: utilizza questi mesi di gravidanza per entrare in sintonia con il tuo corpo, cosa che non necessariamente deve essere ottenuta attraverso un'attività fisica: impara ad ascoltare e a parlare in termini positivi a te stessa e al bambino che hai in grembo. Anche se dovessi rinunciare all'attività fisica, ci sono molti prodotti per la cura personale che ti permetteranno di sentirti bene con il tuo corpo.

Di alcune pratiche per il benessere psicofisico della futura mamma abbiamo parlato nel Giorno 2: "Perché non essere 'super' in forma e freneticamente attiva durante la gravidanza". Altre pratiche sono fondamentali per una donna, in parte mirate all'igiene personale, in parte al rilassamento, in parte alla vita da mamma. Esempio di quest'ultima categoria è la preparazione del seno in vista dell'allattamento.

Indicazioni per preparare il seno

Lava il seno con acqua tiepida e sapone neutro. Pulisci con attenzione soprattutto eventuali crosticine di colostro seccato. Massaggiarlo con una spugna ruvida o con un guanto di crine. Per irrobustire i capezzoli puoi applicare impacchi di alcol e glicerina. Negli ultimi mesi applica pomate a base di lanolina ogni giorno.

RIEPILOGO DEL GIORNO 3:

- SEGRETO n. 10: allenarsi e condurre una vita fitness nel senso pieno del termine è un complemento perfetto a una gravidanza che procede bene. Però sappi quando metterti a riposo ed evitare pericoli inutili.
- SEGRETO n. 11: è importante capire quando fermarti e non allenarti, oltre a saper riconoscere un'attività fisica pericolosa in gravidanza.
- SEGRETO n. 12: utilizza questi mesi di gravidanza per entrare in sintonia con il tuo corpo, cosa che non necessariamente deve essere ottenuta attraverso un'attività fisica: impara ad ascoltare e a parlare in termini positivi a te stessa e al bambino che hai in grembo. Anche se dovessi rinunciare all'attività fisica, ci sono molti prodotti per la cura personale che ti permetteranno di sentirti bene con il tuo corpo.

GIORNO 4:
Come allenarsi durante la gravidanza

Capire che non è proprio indispensabile ma, a volte, neanche pericoloso

La scienza ha confermato che un'attività fisica moderata presenta un rischio minimo, se non alcuno, per la mamma in gravidanza e il suo piccolo compagno d'allenamento: il feto. Questo purché la donna sia in buona salute, la gestazione controllata dal ginecologo e l'allenamento opportunamente modificato.

Le nostre bisnonne lavoravano duramente anche con il pancione!

Storicamente, nei secoli XVIII e XIX, in Europa e Nord America, le donne dei ceti medio-alti erano escluse dalla vita pubblica durante la gravidanza e confinate in casa, per lo più a riposo forzato. Per il pudore di certe epoche e ceti sociali non era ben visto il fatto che una donna si presentasse in pubblico ostentando il frutto dell'atto riproduttivo.

C'erano poi le donne dei ceti bassi, le quali continuavano con il lavoro manuale fino al parto. Così faceva mia nonna nella Toscana del secondo dopoguerra. Le donne lavoravano fino all'ultimo nei campi, e a volte succedeva che lì partorissero. Ancora oggi è così in certe parti del mondo: lo fanno le pescatrici giapponesi di perle, le quali proseguono un lavoro in condizioni strenue fino alle doglie.

Nel mondo occidentale, invece, non è sempre indispensabile lavorare fino al parto. Io l'ho fatto, ma in effetti avevo scelto di non allenarmi. In pratica avevo comunque dosato le mie energie durante la gravidanza. Dagli anni '70 e '80 molte donne si sono andate interessando sempre più allo sport e al fitness. Tanto da non volerci rinunciare neppure in gravidanza.

Dunque, tu hai deciso di allenarti. Sappiamo che l'attività fisica in gravidanza, oggigiorno, è più comune di quanto pensiamo o sappiamo. Lo stesso vale per i rapporti sessuali in gravidanza.

Riferimenti bibliografici:
Fox NS, Gelber SE, Chasen ST., *Physical and sexual activity during pregnancy and near delivery.* J Womens Health (Larchmt). 2008 Nov;17(9):1431-5.

Bene, cosa fare allora? Perché è vero, anche in questo caso, che molti fanno: ma pochi sanno come fare. Poche donne, e purtroppo ancora pochi istruttori e personal trainer, sanno come incorporare l'attività fisica durante la gestazione. L'ideale sarebbe soprattutto una vita quotidiana attiva e non sedentaria; ma tu vuoi inserire uno sport o un allenamento strutturato. Intendiamoci bene che non parliamo qui della preparazione psicoprofilattica al parto, funzionale al parto stesso e basta. Vediamo allora come.

Riferimenti bibliografici:
Doran, Frances; O'Brien, Anthony P, *A brief report of attitudes towards physical activity during pregnancy* Health promotion journal of Australia : official journal of Australian Association of Health Promotion Professionals 18, No. 2 2007, pp. 155-8.

Che tipo di mamma in forma sei?

I dati clinici e i racconti aneddotici mostrano che le donne più in forma prima della gravidanza tendono ad avere una gestazione migliore e un parto con minori complicazioni. Un po' per la mia professione, un po' per la mia stessa gravidanza e soprattutto perché avevo già in mente questo ebook, ho sempre "intervistato" colleghe istruttrici o agoniste, ma anche donne semplicemente appassionate allo stile di vita fitness, e ne viene fuori questa piccola raccolta parzialissima di dati:

- L. V. istruttrice aerobica, allenata, insegnamento fino all'ottavo mese, nessun problema, parto ottimo;
- R. A. istruttrice aerobica, allenata, insegnamento, ma aborto spontaneo nel primo trimestre;
- S. M., professionista bodybuilding, allenata fino al parto (cesareo), nessun problema;
- G. R., professionista bodybuilding, non allenata, nessun problema;
- F. B., professionista bodybuilding, non allenata, nessun problema;
- B. P., agonista bodybuilding, non allenata, gravidanza in corso;
- M. C., agonista bodybuilding, non allenata, nessun problema;
- R. P. agonista bodybuilding, non allenata, nessun problema.

Ad ogni modo, sul mio sito www.rossellapruneti.com, troverai una sezione apposita per partecipare a un questionario il cui scopo è raccogliere informazioni relative al tuo livello di attività fisica prima della gravidanza, cioè se sedentaria, praticante, istruttrice, agonista, nonché al tipo di attività, alla tua decisione se continuare o meno ad allenarti in gravidanza, ai vantaggi e agli svantaggi osservati ecc.

Un limite di gran parte delle ricerche scientifiche sull'argomento è che sanno poco di cosa facevano e cosa faranno, riguardo al fitness, le mamme in attesa. Se hai cinque minuti per compilare il questionario online, contribuirai a una raccolta di informazioni molto interessanti. Grazie.

Se sei già allenata

Lo stato magico di sintonia con il proprio corpo, che si verifica durante la gravidanza, ti porta a ripensare i tuoi obiettivi di fitness. Riducili. Se ti alleni con i pesi, abbassa i carichi ed eleva le ripetizioni. Se l'attività è a medio-alto impatto, passa a una più leggera. Per esempio, invece di correre, fai nuoto o bicicletta, anche se presenta il pericolo delle cadute e non è proprio l'ideale in gravidanza. Se percorrevi tre chilometri, scendi a uno e mezzo. Se la sessione durava un'ora, smetti a quarantacinque minuti. Ricordati che l'obiettivo è mantenere il livello di fitness durante la gravidanza: non è pensabile aumentarlo ora. Assai probabilmente il tuo corpo ti dirà quando rallentare. Se lo fa, ascoltalo.

SEGRETO n. 13: l'obiettivo è mantenere il livello di fitness durante la gravidanza. Non è pensabile aumentarlo ora. Assai probabilmente il tuo corpo ti dirà quando rallentare. Se lo fa, ascoltalo.

Per chi inizia ora

La gravidanza porta a pensare in maniera diversa a se stesse. È un momento ottimo per pensare al fitness, anche se non potrai dedicartici al 100% da subito. Sperimenta in questi nove mesi, al fine di trovare un'attività dolce, adatta da continuare anche dopo. Un esempio? Prendi l'abitudine di fare lunghe camminate. Oggi la scienza, dopo decenni di oscurità sull'argomento, è dalla tua parte. È dimostrato che un'attività fisica moderata, con esercizi adattati in base al trimestre, offre benefici perfino alle mamme che erano sedentarie prima della gravidanza.

Indicazioni per allenarsi in gravidanza

Ci sono diverse linee guida che valgono sempre e comunque per l'allenamento con i pesi ma che in gravidanza raddoppiano o triplicano di importanza.

Frequenza d'allenamento

La frequenza dell'allenamento determina il peso del bambino alla nascita. Devi tenere presente che un bambino è considerato tanto più sano quanto più il peso è maggiore. Nelle ricerche, le donne che si allenavano più di cinque volte la settimana e meno di due volte erano entrambe a rischio di dare alla luce bambini sottopeso. La frequenza d'allenamento ideale sembra aggirarsi intorno alle tre-quattro sessioni settimanali o anche meno. Infatti altre ricerche confermerebbero che ridurre il volume d'allenamento nel secondo e terzo trimestre comporta una migliore crescita di feto e placenta.

Riferimenti bibliografici:
Campbell MK, Mottola MF. *Recreational exercise and occupational activity during pregnancy and birth weight: a case-control study.* Am J Obstet Gynecol. 2001 Feb;184(3):403-8.

Eppure le indicazioni dell'*American College of Obstetricians and Gynecologists*, nella revisione più recente del 2002, parlano di trenta minuti di attività fisica moderata al giorno *per quasi tutti, se non tutti, i giorni della settimana.*

Come lo spiego io

Se per "allenamento" l'*American College of Obstetricians and Gynecologists* intende una camminata, fosse pure a ritmo abbastanza sostenuto, posso essere d'accordo nella frequenza per l'intera settimana. Assolutamente no se ti cimenti in qualche altra disciplina, come ad esempio il bodybuilding. Il recupero è importante sempre, figuriamoci durante la gravidanza quando il tuo organismo è molto più impegnato del solito, e anzi mi verrebbe da dire che è impegnato letteralmente per il doppio

Riferimenti bibliografici:
American College of Obstetricians and Gynecologists' revised guidelines for exercising while pregnant, Obstetrics & Gynecology 2002; 99: 171-173

Intensità d'allenamento

L'intensità d'allenamento negli studi scientifici che hanno

controllato gli effetti dell'attività fisica in gravidanza appariva altrettanto significativa della frequenza: nel senso che non deve essere "alta". Tutte le intensità che non sono esagerate, o "agonistiche", vanno bene.

SEGRETO n. 14: la gravidanza non è il momento per iniziare un programma d'allenamento intenso. In generale non è il momento per iniziare alcun drastico cambiamento fisico.

In generale, le donne già abituate a un'attività fisica regolare non trovano grossi problemi nel proseguire l'attività, apportando giusto il minimo dei cambiamenti, dettati dal buon senso.

Controlla bene il fabbisogno nutrizionale

Tieni presente l'ulteriore consumo calorico. Adotta la massima cautela nell'assunzione degli integratori durante la gravidanza e l'allattamento: devono essere consigliati o approvati dal ginecologo.

Riposa adeguatamente

Il recupero è importantissimo perché durante il riposo

dall'allenamento il corpo si ripara e costruisce muscoli più tonici e più forti. Ora stai costruendo non solo un fisico ma due, per così dire.

Non fare troppo!

Esercitarsi in modo intenso stimola il cervello e la ghiandola pituitaria a produrre delle sostanze sedative simili alla morfina, le quali aumentano la tolleranza al dolore e creano una sensazione di benessere: le endorfine. È sicuro che il moto possiede un immediato effetto elettrizzante e riduce lo stress: ma evita di cadere nella "euforia da endorfine" strafacendo. In questo caso, "di più" non è "meglio". Ricorda: quando hai svolto trenta minuti di seria attività fisica, hai fatto tutto quello che potevi fare. Per quel giorno non puoi chiedere al tuo organismo più di quanto le sue capacità di recupero permettano. Finiresti per apparire "gonfia" oppure per emaciarti troppo, ma soprattutto potresti danneggiare il tuo bambino!

Allenati con costanza

Allenamenti infrequenti o irregolari predispongono facilmente a un infortunio o a un eccessivo affaticamento dell'organismo, non abituato o non allenato. Riscaldati correttamente e osserva il defaticamento. L'obiettivo, in questa fase delicata di lassità articolare dovuta alla gravidanza, è di evitare quanto più possibile danni alle articolazioni e ai tessuti connettivi.

Parla con il tuo ginecologo dei possibili cambiamenti del corpo in gravidanza, che richiedono un intelligente **adattamento del programma**. Sii sempre sincera con lui riguardo al tipo di sport che pratichi, alla durata, alla frequenza e all'intensità. Se menti, ne va di mezzo una terza persona: il tuo bambino. Informa subito l'istruttore o il personal trainer della gravidanza. Pretendi che modifichi il programma in base al tuo stato e alle indicazioni date dal ginecologo. È impossibile che a una donna in gravidanza vada bene il medesimo programma d'allenamento di prima.

Idratati bene. Evita di accaldarti troppo

Non allenarti in ambienti caldi, umidi, male areati; vestiti in modo da facilitare la traspirazione. Lo dico qui e lo ripeterò nel Giorno 5: "Come alimentarsi bene per nove mesi… e oltre": il corpo di una mamma in attesa è particolarmente predisposto al surriscaldamento durante un'attività fisica. I medici la chiamano "ipertermia" e la scienza ha confermato che non fa affatto bene al bambino.

Riferimenti bibliografici:

Margolis RS. *Exercise and pregnancy*. Md Med J, 45(8):637-41 1996 Aug

Sternfeld B; Quesenberry CP Jr; Eskenazi B; Newman LA. *Exercise during pregnancy and pregnancy outcome*. Med Sci Sports Exerc, 27(5):634-40 1995 May

Clapp JF 3rd; Little KD. *Effect of recreational exercise on pregnancy weight gain and subcutaneous fat deposition*. Med Sci Sports Exerc, 27(2):170-7 1995 Feb

TanJi J. *Exercise during pregnancy and pregnancy outcome*. Clin J Sport Med, 5(4):267 1995 Oct

Hale RW; Milne L. *The elite athlete and exercise in pregnancy*. Semin Perinatol, 20(4):277-84 1996 Aug

Lee G. *Exercise in pregnancy*. Mod Midwife, 6(8):28-33 1996 Aug

Schramm WF; Stockbauer JW; Hoffman HJ. *Exercise, employment, other daily activities, and adverse pregnancy outcomes*. Am J Epidemiol, 143(3):211-8 1996 Feb 1

Clapp JF 3rd. *Morphometric and neurodevelopmental outcome at age five years of the offspring of women who continued to exercise regularly throughout pregnancy*. J Pediatr, 129(6):856-63 1996 Dec

Pivarnik JM. *Cardiovascular responses to aerobic exercise during pregnancy and postpartum*. Semin Perinatol, 20(4):242-9 1996 Aug

Veille JC. *Maternal and fetal cardiovascular response to exercise during pregnancy*. Semin Perinatol, 20(4):250-62 1996 Aug

Sternfeld B. *Physical activity and pregnancy outcome. Review and recommendations.* Sports Med, 23(1):33-47 1997 Jan

Koltyn KF; Schultes SS. *Psychological effects of an aerobic exercise session and a rest session following pregnancy.* J Sports Med Phys Fitness, 37(4):287-91 1997 Dec

Horns PN; Ratcliffe LP; Leggett JC; Swanson MS. *Pregnancy outcomes among active and sedentary primiparous women.* J Obstet Gynecol Neonatal Nurs, 25(1):49-54 1996 Jan

Kardel KR; Kase T. *Training in pregnant women: effects on fetal development and birth.* Am J Obstet Gynecol, 178(2):280-6 1998 Feb

Dumas GA; Reid JG. *Laxity of knee cruciate ligaments during pregnancy.* J Orthop Sports Phys Ther, 26(1):2-6 1997 Jul

Clapp JF 3rd; Little KD. *The interaction between regular exercise and selected aspects of women's health.* Am J Obstet Gynecol, 173(1):2-9 1995 Jul

Massima attenzione all'equilibrio

Abbiamo già detto che le modificazioni della gravidanza portano a una riduzione dell'equilibrio posturale. C'è quindi un certo fondamento nel volere trattare la donna incinta come, passami il termine, "un'impedita". A volte vederla muoversi è come osservare qualcuno che letteralmente "cammina sulle uova". Quante cadute avvengono in gravidanza, infatti? Mio padre ha raccontato per una vita di una piccola cisti sulla sua fronte, causata da una caduta di mia nonna in gravidanza, la quale picchiò il pancione e lo “ammaccò” un po’.

Come sempre, è più facile abbassare la guardia nelle attività quotidiane piuttosto che durante un’attività fisica: e la maggioranza delle cadute avvengono scendendo le scale o su e giù dal marciapiede per strada. Anche gli atleti di livello più avanzato finiscono spesso con il farsi male al di fuori dell’allenamento, magari mentre sistemano gli attrezzi in palestra.

La disattenzione è maggiore nelle cose che facciamo sempre e meccanicamente, è ovvio. Per questo motivo, durante le quaranta settimane, dovresti evitare o ridurre tutte le attività, sia discipline sportive, sia mansioni quotidiane, che accrescono il rischio di caduta: per esempio utilizzare scale, camminare su terreni accidentati ecc.

ATTENZIONE

Adotta particolare cautela se in passato, dunque prima dell’attuale gravidanza, hai subito storte alla caviglia o lussazione della rotula. I tendini, fasce di tessuto spesso e non elastico che inseriscono i muscoli sullo scheletro, e i legamenti, fasce di tessuto spesso che tengono unite le articolazioni, se sono deboli fanno fuoriuscire e spostare la rotula, un piccolo osso sotto il tendine del muscolo quadricipite nella coscia.

Il rischio è maggiore, in particolare, nell'ultima metà della gravidanza, e, non dimenticarlo, anche nel primo periodo post partum, perché occorre del tempo prima che tendini e legamenti riacquistino la lunghezza originaria.

Esercizio per l'equilibrio in gravidanza

Ci sono alcuni semplici esercizi di "controllo neuromuscolare" che puoi svolgere per mantenere bene in sintonia i comandi del cervello al corpo che si muove. Eccone uno molto facile:

1. in piedi, vicino a una parete, sfiorala con i polpastrelli della mano sinistra;
2. fai un passo in avanti con il piede destro e solleva il piede sinistro all'altezza della caviglia destra;
3. continua a tenere la mano che sfiora la parete finché non ti senti sicura in equilibrio. A quel punto, togli la mano dalla parete;
4. rimani in equilibrio sul piede destro per svariati secondi. Torna

ad appoggiare la mano sulla parete se la caviglia destra comincia a vacillare;
5. ripeti con l'altra gamba; ma sarà sempre la stessa mano a sfiorare la parete;
6. adesso girati e ripeti il tutto con l'altra mano, prima una gamba e poi l'altra.

Varianti

L'esercizio è facile, ma puoi accrescere la difficoltà passando a farlo scalza, invece che con le scarpe da ginnastica. È ancora più impegnativo se chiudi gli occhi.

Cosa fa il tuo piccolo compagno d'allenamento?

La scienza ha identificato tre rischi potenziali e ipotetici per il feto se la mamma si allena. L'alterazione dello sviluppo fetale, come la scienza chiama le ripercussioni sul bambino nel grembo della mamma, si può verificare in vari gradi e dipende comunque da più di un fattore:

- intensità d'allenamento. In generale non sono stati confermati e non è stabilito un danno diretto a intensità moderate, mentre si ipotizzano danni a intensità elevate e agonistiche sebbene

manchino gli studi;
- durata;
- frequenza;
- postura durante l'allenamento;
- condizioni ambientali;
- età della mamma;
- condizioni di salute della mamma.

Durante la gravidanza il corpo umano compie un miracolo di adattamento: tutti i sistemi di controllo sono modificati a puntino per il benessere e per il mantenimento del benessere ("omeostasi") di mamma e feto. Da qui capisci come l'inserimento della variabile allenamento, soprattutto se a valori assurdi, possa potenzialmente presentare grossi rischi.

Per questo è prevalsa nel corso di tanti anni la posizione cautelativa di non allenarsi in gravidanza. Nell'ambiente medico, solo meno di venti anni fa il dottor Wolfe indicò tre rischi ipotetici per il feto. La bella notizia è, però, che occorre sottolineare che a quei tre rischi pongono rimedio, almeno in certa misura e in determinate situazioni, le modificazioni e gli adattamenti sia del feto sia della madre:

1– L'attività fisica ha bisogno di calorie per essere svolta e questo comporta l'aumento dell'utilizzo del **glucosio** materno, cioè lo zucchero che mangi, nella forma in cui l'organismo lo immagazzina per utilizzarlo come carburante. Se la mamma si allena, deve attingere al proprio glucosio muscolare entrando in conflitto con i bisogni del feto, il quale utilizza pure il glucosio come principale fonte di energia per la crescita e lo sviluppo.

Una continua e costante esposizione a livelli bassi di glucosio materno può comportare malnutrizione fetale, limitazione della crescita intrauterina e minore peso corporeo alla nascita (Clapp et al., 1987). La situazione è salvaguardata in parte dalla capacità della placenta di ricorrere a un carburante alternativo: il *lattato*, o *acido lattico*, che è una sostanza prodotta quando il corpo è impegnato in uno sforzo ma non ha sufficienti approvvigionamenti di ossigeno, e che il cuore, come anche altri organi, è in grado di utilizzare come combustibile:

2– L'attività fisica rilascia, nel corpo materno, un numero

maggiore di *catecolamine*, che sono sostanze prodotte dal sistema nervoso per preparare l'organismo ad affrontare un'azione che richiede una reazione veloce. Il sangue della mamma affluisce ai muscoli in allenamento, lasciando, in parte, visceri e utero, e ossigena meno la placenta: quindi, ne arriva meno al feto. Ad ogni modo anche qui il rischio è ipotetico, perché esistono svariati meccanismi di adattamento tra madre e feto per garantire il trasferimento di ossigeno.

3 – L'attività fisica eleva la temperatura corporea della madre e può portare a *ipertermia*. Ciò, in particolare, impedisce che il feto, il quale ha mezzo grado di temperatura in più rispetto alla mamma, dato che i processi di sviluppo al quale è sottoposto comportano un aumento del calore del suo corpo, ceda il calore alla mamma e, detto in parole povere, "si rinfreschi". Il rischio è ipotetico, perché il corpo materno subisce un aumento del volume circolante di sangue e del suo afflusso alla pelle. Fintanto che la madre si idrata bene e si allena in ambienti ventilati, riuscirà a evitare l'ipertermia.

Guarda la meraviglia del meccanismo approntato dalla natura: da un lato abbiamo la madre, dall'altro il bambino.

Per un certo verso si ipotizza, benché non ne abbiamo la certezza, che l'attività fisica della madre comporti rischi sul feto. Parliamo dell'attività a intensità moderata, perché quella a elevata intensità non è stata studiata, ed è con molta verosimiglianza gravemente dannosa.

Ma si conoscono meccanismi certi di adattamento, tanto del feto quanto della madre, a tali ipotetici rischi. Attraverso la placenta e una "danza" di regolazioni fisiologiche, mamma e feto vivono in sintonia. Ho cercato di raffigurare il tutto riportando il seguente schema.

Effetti dell'attività fisica moderata della mamma

Riprodotto, adattato e tradotto da:
Women in sport Di Barbara L. Drinkwater, IOC Medical Commission, International Federation of Sports Medicine

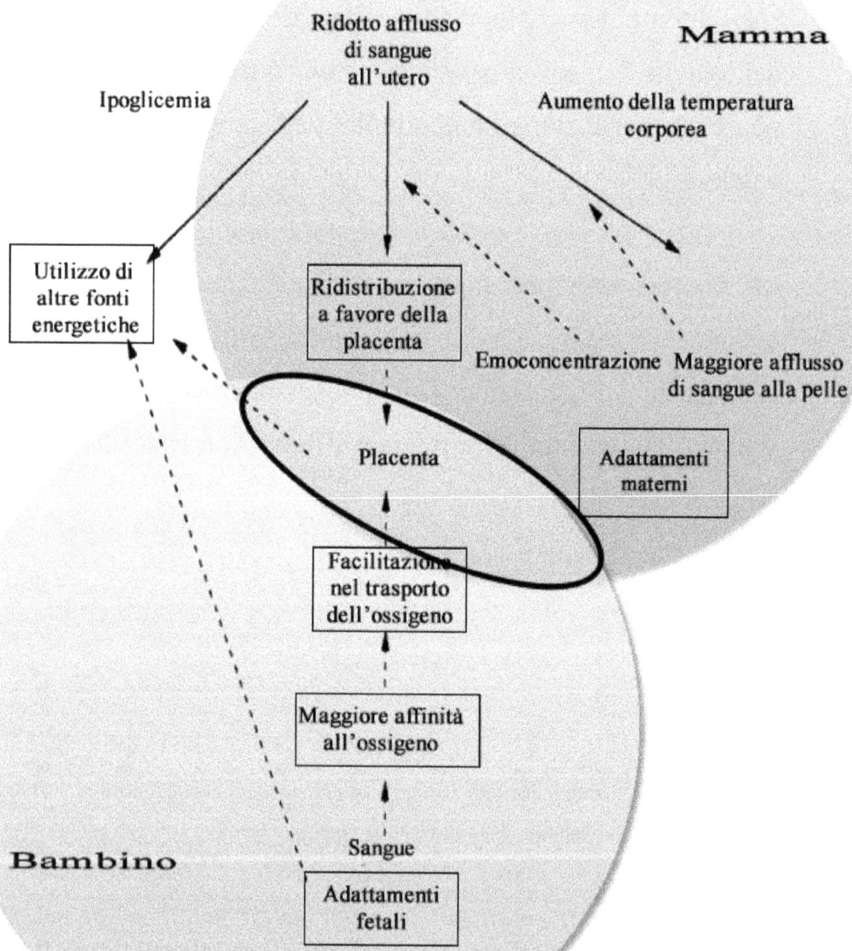

Riferimenti bibliografici:

Wolfe, L. A. & Mottola, M. F. (1993), *Aerobic exercise in pregnancy: an update.* Canadian Journal of Applied Physiology 18, 119-147.

Wolfe, L. A., Brenner I. K. M. & Mottola, M. F. (1994) *Maternal exercise, fetal well-being and pregnancy outcome, Exercise and Sport Sciences Reviews* 22, 145-194.

Puoi, infine, approfondire gli studi citati reperendoli nella bibliografia di: Barbara L. Drinkwater, *Women in Sport,* Wiley-Blackwell, 2000

Per concludere, nonostante la scienza cerchi ancora una risposta verosimile alla domanda se l'allenamento in gravidanza possa influenzare il peso corporeo del bambino, non è stato in particolare dimostrato alcun ritardo della crescita sotto il *10° percentile*: in pratica, entro un gruppo ristretto di bambini *piccoli* rispetto agli altri gruppi di confronto.

Riferimenti bibliografici:

Kagan KO, Kuhn U. *Sports and pregnancy*, Herz, 2004 Jun;29(4):426-34

TIPI DI ATTIVITÀ FISICA IN GRAVIDANZA: ATTIVITÀ CARDIOVASCOLARE

Cos'è l'attività cardiovascolare?

Per "attività cardiovascolare" si intende, nello sport, ogni attività fisica che mantiene la frequenza cardiaca elevata per un periodo di tempo prolungato. Essa rinforza cuore e polmoni e fornisce quantità maggiori di ossigeno ai muscoli. Detto in parole semplici, è quella comunemente definita come "aerobica". Però non pensare solo a un gruppo di donne che saltellano in body con la musica di sottofondo. Aerobica è anche nuotare, camminare, correre, andare in bicicletta ecc. "Aerobico" significa "con ossigeno", a sottolineare che questa forma di esercizio richiede ossigeno, e pure in grandi quantità, facendo lavorare intensamente cuore, polmoni, vasi sanguigni. Ecco perché io preferisco chiamarla "attività cardiovascolare".

Oggi la scienza conferma i vantaggi dell'attività aerobica durante la gravidanza. Solo venti anni fa gli studi erano molto scarsi. Per questo i medici consigliavano uno stile di vita sedentario durante la gravidanza.

Nel caso dell'attività aerobica, ancora fino ai primi anni del XXI secolo (2002), i medici consigliavano di non fare mai alzare la frequenza cardiaca oltre i 140 battiti al minuto. Perché poi proprio 140? Pare sia stata una scelta arbitraria. Ora l'*American College of Obstetricians and Gynecologists* (ACOG) non limita la *frequenza cardiaca sub massimale*, che è quella pari all'85% della frequenza cardiaca massima di una donna in gravidanza. Ne parleremo tra un attimo.

Le ricerche non hanno trovato alcun collegamento tra attività aerobica in gravidanza e aborto o altre complicazioni. Anzi, uno studio di Maureen Hatch, Ph.D. presso la Columbia University School of Public Health di New York ha riscontrato che le donne impegnate in un'attività aerobica avevano minori probabilità di abortire nei primi mesi di gravidanza.

Riferimenti bibliografici:
Maureen Hatch, Ph.D., et al. *Maternal Leisure-Time Exercise and Timely Delivery*, American Journal of Public Health, October 1998.
Disponibile online: Maternal Leisure-Time

Come lo spiega la scienza

Non si capisce perché l'aerobica possa quasi "proteggere" una donna in gravidanza. Qualcuno ha ipotizzato che sia perché riduce i cambiamenti ormonali: cioè proprio quelle variazioni che potrebbero innescare delle contrazioni uterine e portare all'aborto.

Benefici dell'attività cardiovascolare in gravidanza (in ordine puramente alfabetico!)

- abbassamento della pressione sanguigna;
- abbattimento di parte dell'affaticamento;
- controllo dell'incremento di peso corporeo;
- migliore sonno;
- permette di rinforzarsi o mantenersi forti e resistenti in vista del travaglio;
- riduzione del gonfiore di mani e piedi;
- riduzione della costipazione;
- recupero più veloce della forma dopo il parto.

Le migliori attività cardiovascolari in gravidanza (in ordine puramente alfabetico!)

- acquagym;
- aerobica a basso impatto;
- camminate;
- cyclette orizzontale;
- danza a basso impatto;
- elliptical;

- escursioni a basse altitudini;
- jogging, probabilmente da sostituire nell'ultimo trimestre;
- nuoto;
- simulatore di scalini;
- step aerobics, con gradino basso;
- tapis roulant.

Se svolgi attività aerobica a basso impatto avverti l'istruttrice che sei incinta. Fatti insegnare come ridurre l'intensità, indipendentemente dal resto del gruppo che procederà con il proprio livello.

Esegui più lentamente i cambiamenti di direzione. A volte può bastare tralasciare i movimenti delle braccia, e muovere solo le gambe, oppure ridurre il numero delle ripetizioni dell'esercizio. Passa a un corso di aerobica prenatale se esiste nel centro fitness che frequenti.

Il principio FITT modificato

In gravidanza, lo stiamo vedendo, occorre modificare molteplici parametri per tenere conto della diversa risposta del corpo all'esercizio e per il benessere del feto in accrescimento. Il principio FITT (Frequenza, Intensità, Tempo e Tipo) è un acronimo che gira negli ambienti di lingua anglosassone per ricordare le componenti più importanti dell'attività fisica, e adattarle ai casi specifici per il massimo del risultato con il minimo degli svantaggi. Nel *Physical Activity Readiness Medical Examination for Pregnancy* (2002) è stato modificato per la gravidanza nella seguente maniera:

"F" come frequenza

Inizia con tre volte la settimana e progredisci passando a quattro.

"I" come intensità

Allenati con uno sforzo percepito, che il tuo istruttore potrà chiamare con il termine tecnico "range RPE", o una zona della frequenza cardiaca appropriati.

"T" come tempo

Allenati per quindici minuti, cioè con una diminuzione dei tempi oltre a una riduzione dell'intensità. Può essere utile inserire dei momenti di recupero.

"T" come tipo

Esercizi a corpo libero o attività di resistenza a basso impatto che coinvolgano i gruppi muscolari maggiori: per esempio, camminare, fare cyclette, nuoto, esercizi in acqua, aerobica a basso impatto.

FREQUENZA PER L'ATTIVITÀ CARDIOVASCOLARE IN GRAVIDANZA

È meglio sessanta minuti una volta alla settimana o venti minuti quattro volte? Ricorda che è la goccia che riesce a scavare la roccia! L'impegno deve essere protratto e mantenuto nel tempo: nei minuti, nei giorni delle settimane, nei mesi. Inoltre adesso devi tenere conto del pancione, e imparare a programmare un impegno di media intensità, ma costante nei mesi. Se cominci un'attività aerobica in gravidanza e prima eri sedentaria, dovresti partire con quindici minuti tre volte la settimana e arrivare gradualmente a trenta minuti quattro volte la settimana.

Se sei già allenata, puoi anche fare serie da trenta minuti quattro volte la settimana; in caso fossi molto allenata prima della gravidanza, i trenta minuti potrebbero arrivare a essere quotidiani.

Ricordati però che in ogni attività fisica è fondamentale il recupero. Il miglior momento per progredire e "fare di più" è il secondo trimestre. Va però fatta una distinzione.

Nella seconda metà della gravidanza non si deve iniziare e tanto meno incrementare l'attività aerobica

Il volume della placenta aumenta con l'attività aerobica regolare, insieme alla sua capacità di scambiare ossigeno e anidride carbonica, in pratica sostanze nutritive e prodotti di scarto. Normalmente, nella mamma in attesa, la placenta smette di crescere intorno alla ventesima settimana perché ha raggiunto il proprio assestamento per funzionare al meglio. Spingere la placenta a crescere oltre la sua dimensione funzionale è un grosso sbaglio, perché la limita.

Infatti questo organo si sviluppa con la gravidanza e viene espulso con il parto; fa da ponte tra il cordone ombelicale del bambino e l'utero della mamma veicolando cibo, ossigeno, ormoni; ha una dimensione alla quale svolge le sue attività nel miglior modo, mentre se è più piccola o più grossa non va bene. Capisci quanto ciò sia delicato e importante. Nel primo e nel terzo trimestre sii particolarmente cauta a incrementare l'attività fisica: prima perché devi lasciare annidare l'embrione, dopo perché sei ormai troppo grossa e appesantita per spingerti al massimo.

Riferimenti bibliografici:

Brenner IKM,Wolfe LA, Monga M, McGrath MJ. *Physical conditioning effects on fetal heart rate responses to graded maternal exercise.* Med Sci Sports Exerc 1999;31:792–9.

Ohtake PJ,Wolfe LA. *Physical conditioning attenuates respiratory responses to steady-state*

Webb KA,Wolfe LA, McGrath MJ. *Effects of acute and chronic maternal exercise on fetal heart rate.* J Appl Physiol 1994;77:2207–13. 30.

Wolfe LA, Preston RJ, Burggraf GW, McGrath MJ. *Effects of pregnancy and chronic exercise on maternal cardiac structure and function.* Can J Physiol Pharm 1998;77:909–17.

Wolfe LA,Walker RMC, Bonen A, McGrath MJ. *Effects of pregnancy and chronic exercise on respiratory responses to graded exercise.* J Appl Physiol 1994;76:1928–36.

INTENSITÀ PER L'ATTIVITÀ CARDIOVASCOLARE IN GRAVIDANZA

Principio

Il principio da cui partire è il seguente: *«Lavora al tuo livello di intensità e ricorda che è un livello da donna incinta!»*

Come calcolare l'intensità?

Lo puoi fare rilevando la tua frequenza cardiaca, di seguito definita "Fc", e dosando l'intensità in modo da mantenere la Fc nell'intervallo di valori corrispondenti al lavoro aerobico, detto *range* aerobico. Questo intervallo è determinabile, secondo osservazioni statistiche eseguite su un campione di persone in tutto il mondo, tra il 60% e l'80% della tua Fc massima. Un limite di sicurezza stabilito uguale al minimo 220, al quale sottrarre l'età. Ad esempio, per una donna di trent'anni, la Fc massima è 220 – 30, cioè 190). Tuttavia il lavoro aerobico non ha il medesimo effetto per uno qualsiasi dei valori del *range*.

Percentuali della Fc massima e loro effetto

50%	riscaldamento
60-70%	dimagrimento, ovvero ossidazione lipolitica
70-80%	allenante cardiovascolare
80-85%	allenante cardiorespiratoria

Ricorda che il lavoro aerobico ad alta intensità, tra il 70 e l'85% della Fc massima, è allenante, ma non dimagrante, ed è pericoloso in gravidanza. È il lavoro aerobico a bassa intensità (60-70%) e di lunga durata, cioè oltre i venti minuti, quello che utilizza *per lo più* i grassi di riserva, ed è quindi dimagrante. È questo che devi effettuare in gravidanza. In generale l'attività cardiovascolare deve essere svolta nel range aerobico sub massimale, quindi entro il 60-70%, e non arrivare agli estremi esagerati del range aerobico massimale. Questo per lasciare l'utero e la placenta in grado di fornire costantemente ossigeno e nutrimento al feto. In pratica, evita di "sottrarre" ossigeno al bambino per darlo a te stessa impegnata nell'attività aerobica, che richiede ossigeno in grosse dosi.

Riferimenti bibliografici:
Kagan KO, Kuhn U. Sports and pregnancy, Herz, 2004 Jun;29(4):426-34

Quando rilevare la Fc

Durante la fase aerobica, dopo un po' di minuti dall'inizio, come controllo per vedere se sei all'interno del *range* aerobico. Ma è importante farlo anche durante il raffreddamento per controllare le tue capacità di recupero: più il cuore è efficiente, più rapidamente torna a una frequenza normale.

Come rilevare la Fc

Le moderne apparecchiature di cardiofitness dispongono di cardiofrequenzimetri incorporati nel display: basterà che indossi una fascia attorno al torace, oppure metti una clip al lobo sinistro dell'orecchio o, perfino, appoggi semplicemente la mano su un manubrio con uno speciale sensore. Programmando il computer con i tuoi dati la macchina ti segnalerà se stai lavorando alla giusta intensità.

Può darsi che tu voglia investire il tuo denaro in un cardiofrequenzimetro da polso, o che non abbia niente di tutto questo a disposizione. Puoi allora rilevarla ponendo, senza fare un'eccessiva pressione, l'indice e il medio sull'arteria radiale del polso, oppure sull'arteria della tempia, oppure sull'arteria carotide al lato del collo, sotto il mento, o ancora direttamente sul cuore. Conta le pulsazioni in sei secondi e moltiplica il valore per dieci, per ottenere la Fc in un minuto.

Formula di Karvonen per calcolare il tuo range aerobico

La seguente formula è un algoritmo per calcolare il tuo range aerobico in funzione non solo dell'età, ma anche del livello di allenamento. Questo è indicato dal valore della Fc a riposo: in condizioni normali per una persona in forma è di sessanta-settanta battiti, fuori forma anche cento.

Sottrai a 220 la tua età per ottenere la Fc massima. Sottrai alla Fc massima la tua Fc a riposo: il risultato è detto *Fc di riserva.* Moltiplica il valore della Fc di riserva per 0,60 e per 0,80; somma la Fc a riposo e otterrai il valore minimo e il valore massimo del tuo range aerobico. I tuoi battiti al minuto durante l'attività aerobica devono essere compresi nell'intervallo di valori determinato dal range: né al di sotto del valore minimo né al di sopra del valore massimo.

Esempio

Determinazione del *range* aerobico per un atleta di ventuno anni con Fc a riposo di settanta battiti:

220 - 21 = 199 (Fc massima)

199 - 70 = 129 (Fc di riserva)

129 x 0, 60 + 70 = 147, 4 (valore minimo)

129 x 0, 80 + 70 = 173, 2 (valore massimo)

In gravidanza la frequenza cardiaca a riposo aumenta di dieci-quindici battiti. Ecco perché i range aerobici tradizionali sono deprecati e viene proposta una loro modificazione:

HEART RATE TARGET ZONE MODIFICATE PER L'ATTIVITÀ AEROBICA IN GRAVIDANZA

Frequenza cardiaca in gravidanza	
Età materna (anni)	Target Zone frequenza cardiaca (battiti/minuto)
Meno di 20	140-155
20-29	135-150
30-39	130-145
40 e più	125-140

Riferimenti bibliografici:
Miller P, Smith DW, Shepard TH. *Maternal hyperthermia as a possible cause of anencephaly*. Lancet 1978;1:519–21.

Durante e dopo l'attività fisica alcuni metodi "empirici" ti possono dare un'indicazione sommaria della qualità del lavoro svolto, e sono addirittura preferiti per la donna in gravidanza. Infatti da più parti è criticata l'indicazione di non superare i 140 battiti al minuto (come diceva dal 1985 la ACOG). Un'indicazione migliore dello sforzo per allenarsi in tutta sicurezza può darla il riuscire a parlare ("talk test"), che indica che sei ancora nei limiti della soglia aerobica, nonché l'RPE di Borg (*Rating of Perceived Exertion*, valutazione dello sforzo percepito) attraverso il quale tu stessa attribuisci un voto al tuo impegno in base alla respirazione, allo sforzo muscolare e all'affaticamento generale.

RPE di Borg
6
7 leggerissimo
8
9 leggero
10
11 abbastanza leggero
12
13 impegnativo
14
15 molto impegnativo
16
17 estremamente impegnativo
18
19 intenso
20

La fascia 12-14 è appropriata per la maggioranza delle donne in gravidanza.

BODYBUILDING

La scienza ha accumulato ancora poche ricerche sull'allenamento di bodybuilding in gravidanza. Fino a poco tempo fa era opinione comune che il bodybuilding, come ogni altra attività con resistenza, fosse troppo stancante e potenzialmente pericoloso durante la gravidanza. Oggi è riconosciuto che il bodybuilding, con le appropriate modifiche, fornisce notevoli benefici allo stato psicofisico della mamma in attesa e nel post partum.

Anzitutto permette di controllare un eccessivo incremento di peso; rinforza i muscoli intorno alle articolazioni evitandoti infortuni adesso che le articolazioni sono più allentate; ti rinforza per il parto e per quando dovrai prendere in braccio il bambino; migliora l'umore durante e dopo la gravidanza.

Riferimenti bibliografici:

Hall DC, Kaufmann DA. *Effects of aerobic and strength conditioning on pregnancy outcomes.* Am J Obstet Gynecol 1987;157:1199–203.

Avery ND, Stocking KD,Tranmer JE, Davies GAL,Wolfe LA. *Fetal responses to maternal strength conditioning exercises in late gestation.* Can J Appl Physiol 1999;24:362–76.

Un equivoco comune sul bodybuilding

Gira voce che i muscoli troppo tonificati siano poco flessibili, che "leghino". Per questo potresti temere l'allenamento con i pesi, soprattutto in gravidanza. La verità è che un muscolo tonificato possiede una maggiore flessibilità. Ricordati che, più un muscolo è capace di contrarsi, più lo è di allungarsi, e viceversa. È la debolezza muscolare, al contrario, che porta alla poca flessibilità, all'atrofia e aumenta il rischio di problemi. Tutto ciò è lampante se rapportato ai muscoli del pavimento pelvico.

SEGRETO n. 15: è l'allenamento di bodybuilding che ti renderà una mamma in forma e forte, per adattarti e sentire meno i dolori e il peso dei cambiamenti continui del corpo durante i mesi della gravidanza, e per dedicarti al tuo bambino giorno dopo giorno quando sarà nato. È l'allenamento di bodybuilding che ti farà ritornare in forma dopo la gravidanza, probabilmente ancora meglio di prima!

Benefici del bodybuilding in gravidanza

- riduzione del dolore alla schiena;
- aumento delle energie;
- travaglio e parto facilitati.

Obiettivi del bodybuilding in gravidanza

- controbilanciare i cambiamenti nell'allineamento della

colonna vertebrale e gli squilibri muscolari che la gravidanza determina a carico di alcuni gruppi muscolari specifici, come abbiamo visto più sopra;

- è importante che tu rafforzi quei gruppi muscolari che sono indeboliti dalla pancia;
- mira a migliorare la resistenza e non tanto la forza, che va solo mantenuta: effettua circa quindici ripetizioni per gli esercizi.

Approfondiamo il principio del sovraccarico progressivo

Il bodybuilding è basato sul "principio del sovraccarico progressivo": inizia con poco e aumenta gradualmente, con il tempo, la lunghezza e la durata dell'allenamento. Ricordalo ancora di più in gravidanza. Non tenere conto di tutto ciò, è il più grande errore che può essere commesso nell'allenamento con i pesi. Perché? Perché quando i muscoli diventano più forti, l'unico modo per forzarne ancora la crescita, per farli continuare a sentire fatica e a adattarsi, è aumentare ulteriormente il sovraccarico. Le donne evitano i carichi pesanti, pensando che siano poco femminili o che le facciano diventare poco femminili agli occhi degli altri. Ma questa è una convinzione sbagliata!

Il metodo di allenamento progressivo

Un tempo le donne non avrebbero potuto migliorare il proprio corpo per mezzo dell'allenamento con i pesi, semplicemente perché, oltre alle barriere culturali, non esisteva alcun metodo progressivo di allenamento. Non c'era la possibilità di regolare i carichi secondo l'utilizzatore: i bilancieri erano delle enormi sfere di ferro di un determinato peso, e non si trovavano *set* di manubri con incrementi di 2 kg in 2 kg! Dovevi già essere forte per maneggiarli.

Fu un certo Alan Calvert che, all'inizio del XIX secolo, diffuse manubri e bilancieri caricabili con piastre di vario peso, in modo che potessero allenarsi anche le persone normali, cioè tutti coloro che non erano come quei "forzaioli" in tuta a strisce utilizzati per le esibizioni nei circhi. Nel 1936 Joe Weider codificò la logica dell'allenamento con carichi progressivi nel noto sistema di principi, secondo i quali i muscoli rispondono all'allenamento a carichi resistenti progressivi divenendo più forti, più tonici, più compatti.

Riferimenti bibliografici:
Joe Weider, Bill Reynolds, *Joe Weider's Ultimate Bodybuilding*, Mc Graw Hill, 1989

Questo principio racchiude due fondamentali concetti noti nella fisiologia dello sport come "legge di Selje", secondo la quale l'adattamento progressivo delle qualità funzionali avviene dopo una serie di stimoli, in pratica il sovraccarico provoca un adattamento; e come "principio della specificità", secondo il quale gli adattamenti fisiologici indotti dall'allenamento sono quantitativamente e qualitativamente legati ai sistemi stressati durante l'allenamento stesso, cioè il sovraccarico determina una risposta precisa.

Quando iniziai ad allenarmi rimasi colpita da una frase riportata da E. They, che sembrava quasi una filastrocca e che ho sempre tenuto presente, per ricordarmi sia di non cadere nella pigrizia dei carichi inesistenti sia di non esagerare procurandomi un infortunio: «*Gli stimoli debolissimi non hanno alcun effetto, quelli deboli esercitano un'azione eccitante, quelli medi e intensi provocano processi di adattamento, quelli della massima intensità danneggiano l'organo e lo mettono fuori uso.»*

Riferimenti bibliografici:
E. They, *Le tecniche di allenamento della cultura fisica,* Manuali Tecnici FIACF, 1985, p. 14

Hai mai fatto caso a un bambino in palestra? Non cerca forse di provare un attrezzo con il massimo carico, per vedere quanta forza abbia? Al bambino non interessa sapere qual è l'esatta esecuzione, anzi, si contorce tutto nel tentativo di stabilire il suo "massimale". Questa foga e questa scompostezza nei movimenti non sono un esempio da seguire; ma dovresti cercare di avere lo stesso atteggiamento mentale vivace. Una voglia di fare che va temperata con la maturità dell'adulto: voler sempre mettersi alla prova, valutare le proprie capacità, i limiti cui si può arrivare. A questo spirito dovresti ispirarti e limitarti solo per salvaguardare la salute del bambino che porti in grembo, non perché hai timore di allenarti bene!

Le differenze fisiologiche tra uomo e donna... ma con i medesimi 600 muscoli!

La forma e la composizione del corpo è determinata dal personale patrimonio genetico ed è influenzata dalle secrezioni ormonali, a causa delle quali gli uomini, per esempio, concentrano il sovrappeso sull'addome e le donne sui fianchi, data la secrezione predominante di progesterone ed estrogeni, che sono ormoni femminili.

La donna è, sotto un certo punto di vista, diversa dall'uomo; ma sotto un altro punto di vista è identica, e quindi per lei valgono, per alcuni aspetti, le medesime tecniche d'allenamento. Per altri aspetti, in verità minori, occorre apportare delle modifiche "al femminile".

L'allenamento con i pesi non conferisce alle donne un aspetto mascolino: lo sviluppo e la tonificazione dei muscoli del torace mette in risalto il seno; fianchi, glutei e cosce sono snelliti e torniti. Una donna può possedere una muscolatura robusta ma se il grasso sottocutaneo non è basso, almeno sotto il 17%, avrà ancora le tipiche curve femminili. É l'assetto ormonale che impedisce lo sviluppo di un aspetto di tipo maschile, determinando differenze di volume muscolare e percentuale di grasso sottocutaneo: il primo è minore, il secondo maggiore rispetto all'uomo. Molte donne credono che svolgere anche *un solo* allenamento utilizzando un po' di peso le faccia diventare come non vorrebbero. Un timore tanto infondato da potere essere definito senz'altro una sciocchezza.

Tabella

Differenze fisiologiche tra uomo e donna	
Uomo	**Donna**
maggiore massa corporea,	articolazioni, tendini e legamenti più piccoli;
spalle più ampie rispetto al bacino,	struttura del bacino, (fianchi) più ampia delle spalle. Maggiore equilibrio, baricentro più basso, nel tipo morfologico "ginoide";
maggiore forza,	maggiore resistenza al dolore;
maggiore forza nella sezione superiore del corpo,	maggiore forza nella sezione inferiore del corpo, rapportata a un peso corporeo inferiore;
maggiore resistenza,	maggiore elasticità, cioè maggiori archi di movimento;

cuore di dimensioni maggiori, (maggiore disponibilità di emoglobina),	- maggiore capacità polmonare;
minore percentuale di grasso corporeo.	maggiore percentuale di grasso corporeo e migliore indice di galleggiabilità.

Dalla tabella si vede che la donna possiede alcune caratteristiche che la avvantaggiano nell'allenamento con i pesi, per esempio la maggiore forza negli arti inferiori, e altre che la svantaggiano, come i fianchi più ampi delle spalle o una forza minore. Di conseguenza, la donna non deve aspettarsi di impiegare gli stessi carichi di un uomo al suo stesso livello d'allenamento, ma di utilizzare la medesima intensità, sì.

SEGRETO n. 16: le donne dovrebbero allenarsi alla pari con gli uomini quanto a intensità. L'unico momento in cui l'intensità deve essere adattata, per una donna, è proprio durante la gravidanza.

Il sovraccarico in pratica

Nessuno ti scriverà una tabella indicando i carichi che devi usare:

sei tu che devi saperlo! Ma cosa si intende per leggero e per pesante? Rispetto a cosa? Devi scegliere i carichi rispetto al numero delle ripetizioni e delle serie, e il numero delle ripetizioni in base alla funzione che vuoi migliorare.

Dal momento che l'obiettivo è eseguire *quel* numero di ripetizioni, devi scegliere il mezzo, o, se preferisci, il sovraccarico, con cui puoi eseguire *quel* numero di ripetizioni. È semplice. Non ci sono tabelle di riferimento per uomini e dati o formule matematiche: c'è solo questa massima, la quale vale per tutti e la quale verrà applicata concretamente da ognuno secondo il numero di ripetizioni da eseguire, dell'esercizio, della sua forza. Se proprio vuoi una formula, potrebbe essere questa: «Il carico è funzione del numero delle ripetizioni.»

In questo modo tutto è relativo: se un uomo esegue quindici ripetizioni di pressa con 200 kg e una donna esegue le medesime quindici ripetizioni con 50 kg, entrambi hanno usato un peso leggero.

Un peso con cui esegui...	*si dice...*
più di 15	**leggero**
da 8 a 15	**medio**
da 2 a 8	**pesante o sub-massimale**
max 1-2	**massimale**
...ripetizioni	

Come aumentare il carico

Quando hai in mano la tua tabella d'allenamento e sai qual è la corretta esecuzione dell'esercizio che vai a fare, devi guardare il numero di ripetizioni. È dieci? Allora devi pensare: «Quanto peso mi permetterà di fare dieci ripetizioni con questa macchina o con questo manubrio/bilanciere?» e quindi scegli il peso in modo che la decima sia portata a esaurimento, che dopo non ne avresti potuto fare altre.

Sono d'accordo che all'inizio potresti non avere la minima idea del peso che ti serve: dovrai procedere un po' per tentativi ed errori. Un buon istruttore ti può dare già un'idea del peso giusto da impiegare basandosi sulla sua esperienza e facendo una statistica spicciola sui carichi utilizzati dalle centinaia di donne

che ha già seguito.
Ogni istruttore sa che, per una principiante, 4 kg per gli arti superiori sono sufficienti, che riesce meglio a smuovere 4 kg lavorando con i pettorali piuttosto che con le spalle, e che nella pressa, nonostante la tua espressione atterrita, puoi iniziare anche con 10-15 kg. L'istruttore conosce anche l'attrezzatura della palestra. A seconda del tipo di cavi, delle pulegge, della lubrificazione e della marca, 5 kg su una macchina o su un'altra possono dare una sensazione completamente diversa.

In seguito, però, sarai tu a stabilire i tuoi carichi e ad aumentarli ogni volta che sono insufficienti. In ogni seduta, senza peggiorare lo stile d'esecuzione, fai una ripetizione in più o per lo meno tentala. Se ce la fai, aumenta il carico la volta successiva. In genere si aumenta di 1-2 kg quando si lavora con i manubri per il torace, di 5 kg alle macchine per il torace, come la lat machine, la pectoral machine ecc. Talvolta è possibile aumentare anche di una frazione, con appositi mattoncini gommati da appoggiare sulla pila dei pesi oppure agganciando tra il foro della pila e il perno selettore del carico un piccolo disco, o ancora appoggiando sulla pila un manubrio da un paio di chilogrammi. Aumenta di 5-10 kg per le gambe. Ad esempio, alla pressa sarà facile aumentare di 10 kg, al leg curl 5 kg si sentono già.

Procedi costantemente in questo modo. Comincia con quello che puoi, per poco che sia. Costantemente fai appena un pochino di più. Questo aumento infinitesimo si chiama "sovraccarico": è la base del successo nell'allenamento con i pesi.

Le misure di sicurezza per il sovraccarico

Ricorda sempre che l'allenamento con pesi progressivamente più elevati prevede di lavorare ai tuoi limiti, non al di sopra di essi. E tieni presente che adesso hai doppiamente dei limiti, perché devi tenere conto della gravidanza. Una corretta esecuzione è sempre cruciale nel bodybuilding, figuriamoci durante la gravidanza. Sacrifica sempre il carico all'esecuzione: se non riesci a mantenere la posizione corretta, soprattutto la posizione neutra della colonna vertebrale, riduci i chilogrammi dell'attrezzo. Se ti trovi a procedere di slancio, smetti. I movimenti con i pesi devono essere sempre controllati.

Riferimenti bibliografici:
J. Weider, *Joe Weider's Bodybuilding System*, Fassi Sport, 1989

Indicazioni per allenarsi con i pesi durante la gravidanza

Esegui sempre un riscaldamento generale e specifico

È importantissimo che tu proceda a un riscaldamento generale e, meglio ancora, specifico per ogni gruppo muscolare. Usa pesi leggeri o medio-leggeri e fai molte ripetizioni, oppure fai dello stretching. Non trasformare però il riscaldamento in un allenamento completo! Talvolta, ed è tempo solo apparentemente perso, potresti riscaldarti in modo specifico prima di ogni esercizio per uno stesso gruppo.

Ad esempio, se devi fare lavorare la porzione anteriore del muscolo della spalla con le alzate laterali e poi quella posteriore con le alzate laterali a 90°, riscaldati prima delle alzate laterali con una-due serie di quindici-venti ripetizioni e un peso leggero; poi esegui tutte le serie delle alzate laterali e prima di passare alle alzate a 90° riscaldati nuovamente con una ventina di ripetizioni di alzate a 90° e peso leggero. Alcuni fisiologi e alcuni bodybuilder sostengono che il muscolo si contrae completamente con ogni esercizio, e che l'idea di poterlo allenare da varie angolazioni è sbagliata.

Questo può essere vero per lo stimolo della contrazione, ma la funzione del riscaldamento non è tanto quella di fare contrarre il muscolo: con il riscaldamento si vuole ridurre l'incidenza degli infortuni, preparando i tendini e i legamenti, e ottenere un migliore risultato, quello di concentrarsi sul muscolo che si sta allenando.

Mai trattenere il respiro

Non trattenere il respiro durante l'esecuzione degli esercizi: ridurresti l'ossigeno al bambino e non riusciresti nemmeno a completare bene l'esercizio. La regola generale è che si espira, dunque si butta fuori l'aria, alla fine della fase attiva del movimento detta "concentrica", quella in cui "si fa fatica" e il muscolo si contrae accorciandosi; si inspira nella fase di ritorno, detta "eccentrica", durante la quale la fatica è minore e il muscolo si allunga.

IMPORTANTE

In ogni caso, ripeto, mai trattenere il respiro! Nel dubbio, respira normalmente. Presto il ritmo respiratorio si sintonizzerà con i movimenti. Evita anche di forzare eccessivamente la respirazione: finirai in iperventilazione e potresti spaventarti per la sensazione di "testa leggera". Se dovesse succedere, compensa trattenendo il respiro per qualche secondo.

Non allenarti a cedimento muscolare

Ossia, non allenarti sino a che non riesci più ad aggiungere anche solo una ripetizione al movimento perché metti a rischio le articolazioni.

Mantieni la tecnica corretta di esecuzione

Va da sé che nessun tipo di allenamento con i pesi è un brutale scaraventare o strattonare sovraccarichi, tanto più adesso che sei in gravidanza e devi stare attenta a non fare male alle articolazioni, a non colpire il pancione, a non perdere l'equilibrio.

Se introduci degli esercizi nuovi, questi devono essere eseguiti con pesi medio-leggeri

Nel caso tu introduca nuovi esercizi, ricorda che questi debbono essere eseguiti con pesi medio-leggeri nelle prime sessioni d'allenamento. Devi ancora apprenderne lo schema motorio ed è su di esso che ti concentrerai.

Ricorda, inoltre, di *mantenere la colonna vertebrale in posizione neutra* per mezzo di esercizi che aiutino a farlo: "esercizi funzionali" o "core conditioning". Infatti la bassa schiena non deve essere appiattita, in generale la colonna non deve essere inarcata, né deve traballare o subire torsioni.

Gli esercizi di bodybuilding che richiedono una stabilizzazione della colonna vertebrale in posizione neutra, e il lavoro di più gruppi muscolari, sono superiori ad altri esercizi, ad esempio a quelli che prevedono di isolare un solo muscolo, oppure prevedono una stabilizzazione esterna della colonna su uno schienale. Nel secondo tipo di esercizi la colonna rimane passiva, il torace non si rinforza mentre possono essere anche molto più forti gli arti. Lo squilibrio di forza tra torace e arti prepara lo scenario per un infortunio, soprattutto durante la gravidanza.

Benefici della posizione neutra della spina

- sostiene e protegge la colonna vertebrale;
- rinforza i muscoli del core, aiutando a prevenire infortuni causati, per contro, da un addome debole;
- mantiene una buona postura;
- previene o riduce gli squilibri muscolari, evitando infortuni dovuti alla lassità dei legamenti;
- evita molti problemi alla schiena;
- distribuisce il carico in maniera proporzionata sui dischi vertebrali.

Fatti aiutare dall'istruttore, dal personal trainer o da una compagna d'allenamento

Quando lavori con carichi pesanti, e in alcuni esercizi più difficoltosi, è obbligatorio avere un compagno o una compagna d'allenamento oppure un assistente. Durante la gravidanza sarebbe una buona norma avere sempre la supervisione di un istruttore o un personal trainer. Altrimenti rinuncia all'esercizio. Se un esercizio non va bene, il corpo te lo dirà. Meglio però se sai capirlo ancora prima. Esegui soltanto quegli esercizi nei quali ti trovi a tuo agio.

I migliori esercizi di bodybuilding in gravidanza (in ordine puramente alfabetico!)

- alzate frontali e laterali con pesi liberi, elastici;
- esercizi ai cavi, in piedi o sedute, sia per la parte superiore del corpo sia per quella inferiore;
- leg extension a corpo libero, con elastici, con cavigliera zavorrata;
- rematori con elastici o cavi;
- sollevamento sulle punte dei piedi (calf raise in piedi), a corpo libero o con pesi liberi, manubri o bilancieri;
- squat e affondi, a corpo libero o con pesi liberi, manubri o bilancieri.

ATTENZIONE

Se esegui lo squat, acquattandoti nella posizione in cui le cosce sono parallele al pavimento, rischi di danneggiare le ginocchia perché sono meno stabili. Se esegui lo squat oltre la posizione in cui le cosce sono parallele al pavimento, rischi di inclinare in avanti il bacino e affaticare la schiena, a causa del pancione e dei muscoli addominali relativamente indeboliti.

La versione migliore dello squat è, inizialmente, assistito grazie a una compagna o un personal trainer che ti tiene per le mani, oppure reggendoti a un asciugamano doppiato intorno al montante di una solida macchina in palestra. Aumentando la difficoltà, l'altra versione ideale è quella con una swiss ball contro la parete: la schiena rimane in posizione neutra e le ginocchia non sono compromesse.

Lo sapevi?

Lo squat è la posizione più efficiente per partorire: apre le pelvi del 20-30% in più riducendo il ricorso all'episiotomia e al forcipe.

Riferimenti bibliografici:
Russell, J.G.B. J. Obstet. Gynaec. Brit. Cwlth. 76:817-20
Gardosi j., Hutson N., and B-Lynch C. Lancet 2:8654:74-77

ATTENZIONE

Sono da escludere tutti gli esercizi che:

- prevedono di sollevare un carico sopra la testa: per esempio, distensioni con manubri sopra la testa;
- richiedono di stare sdraiata sulla schiena: soprattutto dopo il terzo mese, per esempio, distensioni su panca piana;

- portano a spingere molto peso in avanti con le gambe: per esempio, pressa per le gambe.

Privilegia esercizi in cui sei seduta o appoggiata a qualcosa di solido. In pratica la tua posizione deve essere sostenuta.

Sono invece da inserire tutti quegli esercizi che:

- aiutano nella postura corretta;

1 - esercizi per la parte superiore e centrale della schiena: scrollate, o "shrugs", lat machine, pulley. Rinforzando i dorsali puoi prepararti per quando terrai in braccio il bambino durante tante ore, e per evitare tensioni alla muscolatura della parte alta della schiena quando allatterai;

2 – esercizi per la parte inferiore della schiena. Ad esempio, a corpo libero, in quadrupedia, solleva la gamba destra e il braccio sinistro, poi inverti gli arti;

3– esercizi per l'addome. Rinforzando alcuni muscoli dell'addome, come vedremo più avanti, eviterai dolori alla bassa schiena, oltre a irrobustire muscoli che saranno utili durante le spinte nel travaglio;

- aiutano a mantenere tonico il pavimento pelvico (esercizio di Kegel) e a prevenire l'incontinenza urinaria;
- aiutano a dare sostegno al seno e a tonificare il torace, contrastando l'incurvamento delle spalle tipico della gravidanza: *push-up* modificato contro una parete; alzate laterali e frontali per i deltoidi; lat machine;
- aiutano a rinforzare la parte inferiore del corpo per dare sostegno e per aiutare nel travaglio. L'esempio principe è lo squat.

Tabella d'allenamento con i pesi in gravidanza

AVVERTENZA

Queste tabelle sono generalmente sicure in gravidanza, ma fatti sempre supervisionare in palestra e smetti ai primi sintomi di disagio.

Esempio di tabella per la gravidanza, livello principiante

RISCALDAMENTO

cinque-dieci minuti camminata su tapis roulant o cyclette

ADDOMINALI

Asse tre volte per cinque-dieci secondi

DORSALI
Lat pulldown machine tre x dodici
PETTORALI
Cavi incrociati oppure push-up alla parete tre x dodici
SPALLE
Alzate laterali con manubri tre x dodici
TRICIPITI
Pushdown tre x dodici
BICIPITI
Curl con manubri tre x dodici
GAMBE
Leg extension tre x dodici
Squat tre x dodici
DEFATICAMENTO: cinque minuti camminata su tapis roulant o cyclette

Dalla quarta settimana puoi eseguire quattro serie invece che tre, applicando il “principio piramidale”: 4 x 12.10.8.8, ossia quattro serie per esercizio. Nella prima completi dodici ripetizioni, poi riposi un minuto; nella seconda, dopo avere aumentato un po’ il carico, ne completi dieci, riposi un minuto; nella terza e nella quarta, dopo avere aumentato una seconda volta il carico, ne completi otto, riposando sempre un minuto tra l’una e l’altra.

Questo metodo si chiama “piramidale” proprio perché procedendo i carichi aumentano e le ripetizioni calano, e raffigurandolo graficamente otterresti una piramide. È alla base del successo nella tonificazione perché ti spinge a cimentarti con un carico sempre più elevato e quindi a chiedere una prestazione maggiore dal tuo corpo, il quale risponderà migliorandosi, tonificandosi, rafforzandosi. Questo allenarsi con sovraccarichi progressivi è anche il concetto alla base del bodybuilding, come spiegavo prima.

APPROFONDIMENTO SUGLI ADDOMINALI

La parte addominale si tende e dilata durante la seconda metà della gravidanza e non può aiutare negli esercizi di flessione della colonna vertebrale. Ne è un esempio l’esercizio detto “crunch”. Occorre evitare la maggioranza degli esercizi tradizionali che flettono la parte superiore della colonna vertebrale (crunch) e di torsione (twist).

Evita anche di tagliare i muscoli addominali fuori del tutto, indossando pancerine di sostegno per bassa schiena e punto vita. Ci sono muscoli addominali e spinali profondi che devono continuare a sostenere la schiena, e il miglior modo sta nell'evitare di inibirli. Questi sono i muscoli che allenerai in gravidanza, a meno che tu non abbia una "diastasi del retto", e più avanti spiegheremo cos'è, con associata debolezza muscolare.

Riferimenti bibliografici:

Fast A,Weiss L,Ducommun EJ, Medina E, Butler JG. *Low-back pain in pregnancy. Abdominal muscles, sit-up performance, and back pain.* Spine 1990;15:28–30.

Boissonnault JS, Blaschak MJ. *Incidence of diastasis recti abdominis during the childbearing year.* Phys Ther 1988;68:1082–6. 39.

Gilleard WL, Brown JMM. *Structure and function of the abdominal muscles in premigravid subjects during pregnancy and the immediate postbirth period.* Phys Ther 1996;76:750–62.

Gli esercizi per gli addominali che puoi continuare in gravidanza

Sono gli esercizi che isolano il muscolo trasverso o che isolano e flettono la parte inferiore della colonna vertebrale. Puoi eseguirli stando in piedi, appoggiata contro una parete, su un fianco o seduta su una swiss ball ball.

Esercizio per il muscolo trasverso dell'addome, in piedi

contro una parete:

1. a circa 30 cm dalla parete, con i piedi distanziati quanto la larghezza dei fianchi, le punte in avanti e le ginocchia leggermente piegate. L'obiettivo non è stancare le gambe: quindi, se accade, tieni i piedi più vicini alla parete;
2. appoggia la schiena sulla parete, facendo attenzione e usando le mani per sostenerti;
3. tieni la colonna vertebrale in posizione neutra. L'osso sacro, la cassa toracica e la parte posteriore della testa sono appoggiate sulla parete;
4. inspira dal naso, allargando la cassa toracica;
5. espira lentamente, dalla bocca, mentre spingi la pancia in dentro. Non appiattire la schiena;
6. inspira dal naso, tenendo la pancia in dentro ed espandendo la cassa toracica;
7. ripeti la sequenza di espirazione e compressione addominale ancora tre volte; poi lascia che la pancia si espanda naturalmente;
8. eseguilo per quattro volte.

Inclinazione del bacino ("pelvic tilt").

Esegui l'esercizio per il trasverso dell'addome fino al punto 5, quindi:

- fletti la parte inferiore della colonna vertebrale come per sollevare l'osso pubico verso lo sterno;
- la bassa schiena si allungherà e appoggerà contro la parete;
- mantieni gli addominali contratti e inspira profondamente;
- espira, rilassa la muscolatura, riporta il bacino nella posizione neutra.

ATTENZIONE

Non utilizzare i glutei perché ridurresti l'efficacia dell'esercizio.

Bonus: esercizio per il pavimento pelvico (contrazione di Kegel)

Cos'è il pavimento pelvico

È un sottile strato di muscoli detti "pubecoccigei" perché vanno dal pube al coccige (osso sacro), mentre ai lati sono inseriti sull'ischio. In particolare distinguiamo:

- lo sfintere anale;

- lo sfintere vaginale;
- un forte tessuto connettivo detto propriamente “perineo”, che è quello che viene tagliato nel caso di episiotomia.

A cosa serve?

A sostenere gli organi interni (ecco perché “pavimento”), all’eliminazione efficace dei bisogni fisiologici, alla riproduzione e alle funzioni sessuali. Mentre i muscoli dell’addome hanno dalla loro molto tempo per rilassarsi, e cioè quaranta settimane, aiutati anche dall’ormone relaxina, quelli del perineo si trovano a dovere sostenere una “performance” estrema di poche ore nel corso delle spinte del parto.

Ecco perché possono strapparsi o dovere essere incisi, con l’episiotomia, in caso manchino di elasticità. Non solo. Dopo il parto possono rimanere tanto deboli da causare incontinenza urinaria, per la quale potresti involontariamente versare delle gocce di pipì mentre ridi, starnutisci o tossisci; o, peggio ancora, prolasso uterino o della vescica. In questo caso l’organo si abbassa andando a collocarsi dove non è la sua sede normale. È dunque importante allenarli prima. L’esercizio per questi muscoli si chiama “esercizio di Kegel”:

Come fare l’esercizio di Kegel

È importante innanzitutto saper distinguere questi muscoli da quelli dell’interno coscia, delle natiche e dell’addome. Per capire quali sono questi muscoli, trattieni il flusso mentre fai pipì. Adesso li hai individuati? Questi muscoli si contraggono insieme agli addominali perché insieme forniscono stabilità al *core*. È normale e non stai sbagliando l’esecuzione.

Esegui l’esercizio da seduta su una sedia, ma non una poltrona o un divano, o sul pavimento, distesa sul fianco, supina con le ginocchia piegate e i piedi sul pavimento. Utilizza la visualizzazione. Come ripeto alle mie allieve, non è magia! Il ricorso alla visualizzazione potenzia l’apprendimento neuromuscolare, cioè il legame tra cervello e muscoli, i quali sono attivati al meglio dalle fibre nervose.

Ad esempio:

- immagina i due sfinteri come anelli di gomma che si contraggono forte, più forte, fortissimo;

- visualizza di avvicinare l'osso del pube e l'osso sacro;
- mentre contrai, immagina che il pavimento pelvico sia come un ascensore che sale.

Cosa non fare

Evita di eseguire l'esercizio con le gambe accavallate o in piedi. Non divertirti a farlo interrompendo il flusso d'urina. Esiste la possibilità che così facendo svuoti male la vescica e ti predisponga a infezioni urinarie.

Tabella d'allenamento per l'esercizio di Kegel

Frequenza: anche tutti i giorni e più volte al giorno

Esecuzione:

1. stringi entrambi gli sfinteri e solleva il pavimento pelvico verso l'addome;
2. mantieni la contrazione per cinque-sei secondi;
3. rilassati e riposa per qualche secondo;
4. ripeti dieci volte (ripetizioni);
5. esegui cinque-sei serie (insiemi di ripetizioni).

LO STRETCHING

Stretching è un termine di lingua inglese che in italiano significa "allungamento". È una particolare tecnica di ginnastica che ha come obbiettivo l'incremento dell'estensibilità di alcune strutture anatomiche, muscoli e tendini, con miglioramento della mobilità articolare, della rigidità delle articolazioni e della flessibilità dell'intero corpo.

Tutti noi, alzandoci al mattino, sentiamo il bisogno di stirarci e allungarci. Lo stesso fanno numerosi animali. Si tratta quindi, almeno in alcune sue forme, di un atteggiamento istintivo e naturale che permette di raggiungere una maggiore flessibilità.

Se dotata di flessibilità maggiore, puoi adattarti meglio ai cambiamenti che la gravidanza determina su colonna vertebrale, articolazioni, tendini, legamenti, muscoli. In particolare puoi controbilanciare lo stress meccanico al quale è sottoposto il corpo. Cosa non meno importante, lo stretching è ottimo per ridurre anche lo stress psicologico: fosse solo perché prevede di metterti calma, ritagliare del tempo per te e cercare la massima sintonia tra testa e muscoli.

Indicazioni per lo stretching in gravidanza:

- ricorda che nello stretching, ancora più che nelle altre discipline, non devi ricercare un'eccessiva flessibilità. È curioso, ma importante, notare che un'eccessiva flessibilità diventa uno svantaggio. Infatti, se tendini e legamenti sono troppo lassi, il corpo sarà instabile nei movimenti e negli esercizi, con rischio di dislocazioni articolari e infortuni;
- eseguilo solo per i muscoli che sono contratti a seguito delle modifiche strutturali in gravidanza;
- completalo sempre con un valido programma di bodybuilding appositamente adattato alla gravidanza.

Gruppi muscolari che necessitano dello stretching durante la gravidanza:

- flessori dell'anca, ileo-psoas;
- quadricipite, soprattutto retto femorale;
- bassa schiena;
- intrarotatori della spalla;
- parte posteriore del collo ed elevatori della spalla, cioè sezione superiore del trapezio e romboide.

ATTENZIONE

Devi prestare particolare attenzione perché i legamenti sono più sciolti, per effetto degli ormoni della gravidanza. Effettua lo stretching dei muscoli, non dei legamenti e delle articolazioni. Come fare a capire se procedi correttamente? Ad esempio, nello stretching del polpaccio avverti la tensione nel ventre muscolare, non dietro al ginocchio e nemmeno alla caviglia.

Se avverti dolore alle articolazioni, o anche solo fastidio, cambia la posizione di stretching fino a quando sparisce. Ricorda di tenere sempre sostenuta la colonna vertebrale. Evita una posizione di stretching, se il giorno dopo senti dolore o trovi limitata la mobilità di un'articolazione.

Evita lo stretching dell'articolazione sacroiliaca, soprattutto se l'anca è flessa e la coscia è ruotata all'esterno. Evita di stimolare i muscoli antagonisti di quelli che stai allungando. Non bloccare le articolazioni, ad esempio non raddrizzare del tutto la gamba o il braccio. Non ricorrere ai rimbalzi perché puoi creare delle minuscole lacerazioni nei muscoli.

Non arrivare a sentire dolore. La sensazione corretta da ricercare è una leggera tensione. Se il muscolo comincia a scuotersi mentre raggiungi la posizione di stretching, significa che stai andando oltre il tuo limite di flessibilità. Cosa fare? Fermati, arriva con l'allungamento nel punto più comodo per te, dove non c'è dolore e non ci sono scuotimenti involontari del muscolo, respira profondamente, torna nella posizione iniziale. Non trattenere il respiro. Espira con il naso e inspira con la bocca.

SEGRETO n. 17: sviluppare o mantenere un corpo flessibile è molto importante. Dovrebbe diventare un'abitudine per tutta la vita. Più invecchiamo, più importante sarà il lavoro per la flessibilità.

Posizioni principali di stretching statico attivo che è consigliabile eseguire per il fitness

Le posizioni devono essere raggiunte dolcemente e lentamente. Ogni posizione deve essere mantenuta per un tempo minimo di dieci/quindici secondi fino a un massimo di trenta secondi. Considerato che ogni posizione di stretching deve essere tenuta per dieci-trenta secondi, conta fino a dieci oppure fino a trenta in questa maniera: uno-mississipi, due-mississipi, tre-mississipi ecc., in appena venti-trenta minuti vi rientrano fino a dieci esercizi di stretching per tutto il corpo! Un piccolo e veloce allenamento. Ricorda sempre: l'allungamento non deve andare oltre la soglia del dolore. Nota bene: tenere la posizione di stretching oltre i trenta secondi non dà alcun beneficio in più.

Parte esterna della coscia (muscoli abduttori):

1. siediti in terra o anche su una sedia. Puoi quindi farlo perfino al lavoro; ovviamente in questo caso per motivi di equilibrio piegherai una coscia per volta;
2. appoggia una caviglia sulla coscia della gamba opposta, se sei a terra incrocia le caviglie;
3. piegando leggermente il busto in avanti, tieni la coscia, se sei sulla sedia, o le cosce, se sei a terra, quanto più possibile parallele al pavimento: sentirai allungare i muscoli della parte esterna della coscia;
4. ripeti per l'altra gamba, se hai adottato la posizione sulla sedia.

Parte posteriore della coscia (muscoli bicipiti femorali):

1. appoggia un piede su un gradino o su una sedia. La gamba deve essere stesa; ma non fare pressioni sul ginocchio e non tenerlo

bloccato, perché lo danneggeresti!

2. piega lentamente il busto in avanti. Puoi sostenerti allo schienale della sedia per avere maggiore equilibrio: l'importante è che non premi mai con la mano sulla gamba che stai allungando. Sentirai allungare i muscoli corrispondenti alla parte posteriore della coscia;
3. ripeti con l'altra gamba.

Lo sapevi?

Spesso il mal di schiena è aggravato o causato da muscoli femorali poco flessibili. Questa posizione potrà tornarti utile se soffri di quel genere di dolori.

Parte superiore della schiena (muscolo trapezio):

1. in piedi, oppure seduta, estendi le braccia davanti a te con le dita delle mani incrociate;
2. quando le mani sono ben distese in avanti, arrotonda la schiena;
3. appoggia il mento sul petto e immagina che qualcuno stia tirando le tue mani in avanti mentre tu cerchi di resistergli. Sentirai allungare i muscoli della parte alta della schiena e quelli del collo.

Puoi farlo dappertutto, e torna utile a moltissime persone che durante la giornata accumulano molto stress e tensione in questa parte del corpo.

Petto (muscoli pettorali):

1. in piedi, appoggia l'avambraccio contro lo spigolo di una parete o un palo. Il gomito deve essere alla medesima altezza della spalla;
2. fai un passo avanti, in modo che il busto sia più avanti del braccio: sentirai allungare i muscoli del petto;
3. ripeti invertendo la posizione e appoggiando l'altro braccio.

Attenzione a non esagerare l'allungamento in avanti. Le articolazioni interessate hanno una possibilità di movimento ampia: sta a te evitare che l'allungamento diventi eccessivo, doloroso, scorretto.

Polpacci (muscolo tricipite della sura):

1. di fronte a una parete, piega leggermente una gamba e porta l'altra gamba indietro quanto più lontana puoi. Appoggia la punta del piede della gamba indietro;

2. abbassa o cerca di abbassare lentamente il tallone della gamba indietro: sentirai allungare il muscolo del polpaccio;
3. inverti la gamba e ripeti.

Parte anteriore della coscia (muscolo quadricipite femorale):

1. in piedi, sostieniti allo schienale di una sedia se hai bisogno di maggiore stabilità;
2. piega la gamba dietro la coscia, afferra la caviglia con la mano: sentirai allungare i muscoli del quadricipite.

Variante: puoi eseguire la posizione portando la gamba indietro e appoggiando il collo del piede sul piano della sedia. Contrai il gluteo: sentirai allungare i muscoli del quadricipite. È più facile?

Spalle (muscolo deltoide):

1. in piedi, gambe leggermente divaricate per stabilità, intreccia le dita delle mani dietro la schiena;
2. avvicina le scapole: sentirai allungare la parte anteriore della spalla;
3. ripeti invertendo il braccio.

La parte anteriore delle spalle può essere rigida e avere bisogno dello stretching, se stai per molto tempo alla guida di un'automobile o alla scrivania, anche trascorrendo ore e ore al pc, oppure quando allatterai. Variante: al punto 2, invece di lasciare le braccia con le mani intrecciate verso il basso, prova ad alzarle verso il cielo.

Tricipiti:

1. porta un braccio dietro il collo, con il gomito piegato, cercando di toccare la spalla opposta con la mano;
2. con l'altra mano spingi leggermente il gomito indietro e verso il basso: sentirai allungare la parte posteriore del braccio;
3. ripeti con l'altro braccio.

Bicipiti:

1. in piedi, gambe leggermente divaricate per stabilità, intreccia le dita delle mani dietro la schiena;
2. solleva le braccia indietro: sentirai stirare la parte interna delle braccia.

ALTRE ATTIVITÀ FISICHE CHE PUOI SVOLGERE, E COME

Ti elenco alcune attività fisiche alle quali puoi dedicarti o che in genere sono consigliate durante la gravidanza. Abbiamo già visto quelle sconsigliate: e l'invito che ti farà il tuo ginecologo è senz'altro quello che riassumo anche io, nel seguente segreto:

SEGRETO n. 18: scegli con attenzione l'attività fisica la cui pratica protrarrai durante la gravidanza. Non iniziare ora una nuova attività, e nemmeno incrementa l'intensità di una che già svolgi.

Voglio essere onesta e non scrivere il solito libro pieno di tutto, anche delle cose in cui non credo. Fatta eccezione per il camminare, non pratico le seguenti attività e non le ho mai praticate su base costante: non mi sento quindi di consigliarle caldamente e di scommetterci sopra quanto per il mio sport, cioè per il bodybuilding, per l'attività cardiovascolare e per lo stretching. Chiamala onestà intellettuale, o se vuoi chiusura mentale: ma quando si trova una strada che funziona, occorre seguirla. Gli americani dicono: «Se non è rotto, perché aggiustarlo?». Se puoi ottenere benefici con il bodybuilding, perché andare a cercare attività strane e meno efficaci? Penso che, qui, il limite sia solo la tua voglia di sperimentare e di non annoiarti con le medesime cose.

Camminare

É facile, lo sappiamo fare più o meno tutte, no? Tipo di allenamento: cardiovascolare. Vantaggi: non stressa le articolazioni, soprattutto se cammini su terreni non accidentati e indossi calzature adatte. Negli ultimi mesi, e per alcune mamme anche durante il travaglio, può aiutare il bambino a scendere nel canale del parto, facilitando l'espulsione.

ATTENZIONE

Devi monitorare l'intensità perfino di una semplice camminata. Controlla se sei in grado di tenere una conversazione senza boccheggiare con il "talk test". È ormai scontato al giorno d'oggi: se vai da sola, porta con te il cellulare. Potresti allontanarti troppo e avere bisogno di chiamare per essere riaccompagnata o, peggio, soccorsa. La cautela non è mai troppa, quando di mezzo c'è il tuo bambino.

Cyclette

Se vuoi un'attività cardiovascolare piuttosto tranquilla e senza preoccupazioni di equilibrio e cadute.

ATTENZIONE

Posiziona bene il sellino: con il piede sul pedale, la gamba deve essere quasi completamente distesa, senza però bloccare le ginocchia. A un certo punto della crescita della pancia, non riuscirai più a pedalare senza colpirla con le ginocchia. Allora cambierai attività cardiovascolare.

Jogging

È un'attività cardiovascolare non molto adatta alla gravidanza: anzitutto devi essere sicura di non correre alcun rischio, inoltre può dare fastidio per il peso dell'utero sul pavimento pelvico e l'impatto sul terreno. Per mantenere l'intensità a un livello raccomandabile per la gravidanza, alterna il jogging alla camminata veloce, in una specie di "interval training".

Schema per allenamento di jogging all'aperto di trentacinque minuti:

1. camminata veloce: dieci minuti;
2. jogging (moderato): venti minuti;
3. camminata: cinque minuti.

Schema per allenamento di jogging su tapis roulant di trentacinque minuti:

1. velocità 4.0, inclinazione 0: camminata veloce, cinque minuti;
2. velocità 5.5, inclinazione 0: jogging leggero, dieci minuti;
3. velocità 6.0, inclinazione 2: jogging, dieci minuti;
4. velocità 6.5, inclinazione 2: jogging, cinque minuti;
5. velocità 4.0, inclinazione 0: camminata veloce, cinque minuti.

ATTENZIONE

Smetti il jogging, cambiando attività fisica, non appena:

- senti una pressione eccessiva sul pavimento pelvico;
- hai dolore alle articolazioni;
- avverti nausea.

Nuoto

Tipo di allenamento: cardiovascolare, a basso impatto. Cerca di fare circa trenta minuti, ma sempre ascoltando i messaggi del corpo. Ai primi sintomi negativi, interrompi. Vantaggi: Il rischio di infortunarti è minimo, almeno quando sei dentro l'acqua, poi attenzione a non scivolare al bordo piscina; puoi evitare di surriscaldarti troppo.

Schema per allenamento in acqua di trenta minuti:

1. con l'acqua all'altezza della pancia, cammina aiutandoti con i movimenti delle braccia: cinque minuti;
2. appoggiati al bordo della piscina, tieni le gambe diritte avanti a te e muovile calciando: cinque minuti;
3. esegui movimenti circolari con le braccia immerse nell'acqua: cinque minuti;
4. nuota lungo una vasca e ripeti: quindici minuti.

Un'idea

Iscriviti a un corso di acquagym per gestanti. Se tieni presenti le indicazioni per la gravidanza, va bene anche un corso normale.

ATTENZIONE

Se nuoti male, ti procuri dolori a collo, spalle e schiena. Meglio allora smettere.

Pilates

Vantaggi: rinforza i muscoli del *cuore* e riduce il male alla bassa schiena.

ATTENZIONE

Nel secondo e terzo trimestre evita di stare supina. Tieni la testa più alta della pancia durante alcuni esercizi che, invece, porterebbero a fare il contrario. Chiedi all'istruttore di farti usare un cuscino o un'imbottitura.

Yoga

Vantaggi: migliora l'equilibrio, compromesso dalla gravidanza, allevia lo stress con le tecniche di respirazione e meditazione. Insegna relax e respirazione profonda, utile al momento del parto.

ATTENZIONE

Evita le posizioni a testa in giù o comunque "estreme", soprattutto quelle con le gambe molto divaricate. Tieni i piedi distanziati di circa 20 cm, per la massima stabilità. Ricorda che in gravidanza rischi continuamente di danneggiare le articolazioni. Nel secondo e terzo trimestre evita di stare supina. Sostituisci la posizione sul fianco, meglio se sinistro, con una o due gambe piegate. Per concludere le lezioni e raggiungere il massimo relax, adotta sempre la posizione sul fianco sinistro.

Physioball o swiss ball o birth ball

Conosci quelle grosse palle di gomma? Sono strumenti ginnici che possono aiutarti ad alleviare il dolore pelvico rilassandone i muscoli e allargando il bacino, soprattutto nell'ultimo trimestre, quando il peso del bambino è notevole; a stare più comoda da seduta, anche guardando la TV o lavorando alla scrivania, e perfino a partorire, sedendoti durante le contrazioni e dondolandoti in avanti e indietro! Come esercizio, di per se stesso rinforza i muscoli del torace e gli estensori delle anche. Durante la gravidanza puoi eseguire questo esercizio facendo *attenzione* a non cadere. Ricorda, anche se è difficile scordarlo: il tuo equilibrio è già instabile per il pancione!

Esercizio su swiss ball da seduta:

1. siediti sul pallone;
2. esegui delle rotazioni del bacino per alleviare pressione e dolore.

Esercizio su swiss ball in ginocchio:

1. mettiti a quattro zampe (quadrupedia);
2. abbraccia la swiss ball, appoggiandovi la testa o la parte alta del torace;
3. rotolati in avanti e indietro, se lo desideri, altrimenti rimani ferma per qualche secondo.

Step aerobics o classi di aerobica

Queste attività possono offrire una grossa componente ricreativa, ma c'è del vero nell'affermazione che le lezioni di aerobica sono come i cibi precucinati: pratici e attraenti, ma non adatti a tutti. Figuriamoci a una mamma in attesa! A meno che non siano classi di aerobica dedicate a gestanti, è ovvio.

ATTENZIONE

Durante la gravidanza potresti dover ridurre l'altezza dello step cioè dello scalino che si utilizza nell'omonima ginnastica. Usa un rialzo per lato, non passando a due mattoncini, oppure soltanto la base dello step. Durante la lezione, le coreografie che richiedono che le braccia siano in movimento e alzate fanno lavorare di più il cuore e incrementano l'intensità. Per ridurla, evita di sollevarle più in alto del cuore, oppure tienile ferme lungo i fianchi.

Le propulsioni sono il sollevarsi verso l'alto facendo spinta sulla punta di un solo piede. Aumentano l'intensità dell'allenamento e il battito cardiaco. Inoltre sottopongono a tensione maggiore il pavimento pelvico. In gravidanza, evitale.

Come modificare il programma d'allenamento ad ogni trimestre

Primo trimestre: cosa fare e cosa evitare

Nel primo trimestre i sintomi e i cambiamenti sono variabili e molto soggettivi. Il corpo di una donna incinta subisce cambiamenti rapidi e vistosi, soprattutto per lei stessa. I principali fastidi potrebbero essere la nausea, la glicemia che fluttua, le vertigini. L'umore è variabilissimo per colpa della gonadotropina corionica umana o hCG, l'ormone che regola la produzione di altri ormoni sessuali e che è presente in grosse quantità all'inizio della gravidanza). Se non ti allenavi, stai ferma e attendi il secondo trimestre per iniziare. L'allenamento potrebbe rimanere normale, soprattutto lo rimarrà nelle settimane in cui ancora non sai di essere incinta.

Dovresti ridurre intensità e volume appena fai il test che ti confermerà il tuo stato interessante. Nel primo trimestre la sensazione di fatica è forte. Ti senti spossata e hai molto sonno. Riduci intensità e volume d'allenamento dal quarto-quinto mese in avanti. Riposati molto. Passerà con il trimestre successivo.

Secondo trimestre: cosa fare e cosa evitare

A questo punto ti sentirai meglio, avrai cominciato a capire i cambiamenti del tuo corpo e magari puoi riprendere o iniziare un allenamento moderato. Se sei atleta, adesso diventa importante lasciare un po' da parte lo spirito competitivo e l'ambizione. Prima andare oltre la soglia del dolore e della stanchezza era un pregio, adesso, e per diversi mesi, non lo potrà più essere: ascolta i messaggi del corpo e *non ignorarli*, mai.

In questo trimestre può aumentare l'appetito: l'attività fisica aiuterà a svagarti e regolarizzarlo. Certamente non potrai *non* mangiare: e soprattutto ricorda che l'incremento di peso è inevitabile, entro i limiti che abbiamo visto nel Giorno 2: "Perché non essere 'super' in forma e freneticamente attiva durante la gravidanza".

ATTENZIONE

Consulta sempre il tuo medico per assicurarti di non avere complicazioni che potrebbero essere aggravate dall'attività fisica durante la gravidanza. Adesso modificherai gli esercizi di bodybuilding: smetti quelli in cui è previsto che ti sdrai a pancia in su oppure che appoggi lo stomaco contro lo schienale di una macchina. Soprattutto la prima posizione è molto critica, e dà luogo a quello che i medici chiamano "disturbo da ipotensione gravidica". In ogni caso non c'entra niente con il dormire in quella posizione: non restringe il sangue alla placenta e al bambino.

Come lo spiega la scienza

La pressione cala bruscamente perché il flusso sanguigno è bloccato, meccanicamente, dal peso dell'utero, il quale, se stai sdraiata, comprime la vena cava. Si tratta della vena più grossa del torace, la quale riporta verso il cuore il sangue raccolto da addome e gambe. Se la vena cava fosse schiacciata, non solo ti sentiresti male tu, ma anche il bambino riceverebbe meno sangue dalla placenta, e ciò avrebbe un impatto negativo sul suo sviluppo, benché questa considerazione non sia stata confermata dalle ricerche.

Come si risolve? Riassumendo velocemente la posizione corretta, oppure mettendoti sul fianco sinistro. Per molti medici, però, il fenomeno è limitato alla minoranza delle gravidanze, e la maggioranza delle donne gravide può allenarsi in posizione supina, purché:

•l'esercizio in posizione supina abbia durata limitata;
•controlli di non avere le vertigini;
•interrompa immediatamente la posizione se hai le vertigini.

Anche altri esercizi possono dare nausea o vertigini, soprattutto quelli in cui la testa deve essere mossa molto: per esempio, gli stacchi a gambe tese. L'equilibrio sarà sempre peggiore: evita gli esercizi in piedi perché devi evitare di stare ferma eretta a lungo e incorrere in un calo della pressione, che i medici chiamano "ipotensione ortostatica". Se devi sollevare un peso sopra la testa, fallo da seduta: ad esempio, le distensioni per le spalle con manubri devono essere fatte sedute su una panca e mai in piedi. Se fai yoga, a questo punto ci sono molte posizioni supine da abbandonare.

Terzo trimestre: cosa fare e cosa evitare

Nell'ultimo trimestre ci sono due considerazioni importanti. La prima è che ti sembrerà di stancarti di più, ovvero percepirai lo sforzo come maggiore. La spiegazione non sta solo nei chilogrammi che hai accumulato, ma nella richiesta di ossigeno e nutrienti da parte del bambino. Ovviamente agiscono ancora i famosi ormoni: il progesterone che ti darà pigrizia e gli estrogeni che ti faranno sentire stanca. Gli ormoni non si contrastano!

Cerca di capire che il corpo *fisiologicamente* ha necessità di riposo, e non strapazzarti. La seconda considerazione è che alcuni esercizi possono risultarti molto scomodi per il peso corporeo del bambino che grava sul pavimento pelvico, e il continuo allungamento dei legamenti rotondi dell'utero, sottoposti a tale peso.

Se non lo hai già fatto, adesso smetti senz'altro con attività d'impatto tipo lo jogging. Sostituiscile con camminate, all'aperto o su tapis roulant, cyclette, elliptical. Atleticamente potrai notare di essere abbastanza in grado di eseguire il lavoro aerobico, se ti allenavi da prima della gravidanza e hai continuato con costanza e criterio; ma riscontrare una riduzione della capacità anaerobica, nell'allenamento con i pesi, per esempio.

Riferimenti bibliografici:
Wolfe LA, Weissgerber TL. *Clinical physiology of exercise in pregnancy: a literature review.* J Obstet Gynaecol Can. 2003 Jun;25(6):451-3

Ricorda che puoi contare poco sui legamenti, particolarmente lassi e soggetti a infortuni. Applica una particolare attenzione se prosegui con lo stretching anche in questi ultimi tre mesi.

Bonus: "allenamento" per le doglie

Il termine "allenamento" è tra virgolette, ma non sto scherzando. Se ti allenavi prima della gravidanza, sei già a buon punto per vivere le doglie con grande padronanza e controllare il dolore. Qual è il "muscolo" più importante da allenare per il parto? È il "muscolo cervello". Devi capire quanto importante è la mente. Quando è collegata al corpo e ben indirizzata, ti permette di compiere grandi performance: quelle dei grandi campioni dello sport, oppure sostenere la durezza dei dolori di un travaglio.

Cosa fare nei mesi di preparazione:

- pensa al risultato finale: la nascita del bambino;
- ascolta musica che ti rilassi;
- coltiva pensieri positivi;
- allenati, soprattutto da tempo e con costanza prima del concepimento.

Esercizio

Nei mesi precedenti il parto, pensa, utilizzando un dialogo interiore, a un travaglio senza problemi e, soprattutto, durante il quale puoi gestire il dolore. La mente è, in parte, come un software. Nel caso in cui la programmi per l'insuccesso, porterà all'insuccesso. Ed è vero il contrario: programmala per il successo, ti condurrà al successo! Applica l'esercizio anche per "cambiare programmazione". Hai trascorso molti mesi a immaginare un parto dolorosissimo? Cambia scenario nella tua testa, e inizia a girare le scene dove ti vedi partorire in totale sicurezza e fiducia. Trasforma i pensieri negativi in positivi. Ad esempio, modifica il pensiero: «Il parto è un dolore» e fallo diventare: «Il parto è un dolore di durata limitata per conseguire una gioia enorme.» Ecco un altro esempio suggerito dal mio ginecologo: «Se va male mi devono fare il cesareo!» fallo diventare: «Male che vada mi faranno il cesareo e non sentirò dolore.»

SEGRETO n. 19: impara a programmare la mente in maniera positiva. Questo sarà l'allenamento più importante per il parto e per l'intera tua vita.

Cosa fare durante il travaglio e nell'imminenza del parto:

- un bagno o una doccia tiepidi, per rilassarti e attenuare i dolori;
- relax, in qualsiasi modo ti gratifichi maggiormente: musica, massaggi delicati, candele o profumi;
- siediti su una swiss ball, oppure abbracciala, come nell'esercizio spiegato prima, accucciati come per sederti sopra ma senza appoggiare realmente le natiche, a mo' dell'esercizio di squat;
- cammina. Di solito camminare affretta il travaglio riducendone la durata. Io ho percorso chilometri durante il mio travaglio! Anche se sei limitata in poco spazio, tipo una casa piccola o una stanza d'ospedale, sfrutta ogni angolo e sii "creativa". Mi

ricordo che io, nel mio bilocale, camminavo dalla cucina alla camera passando per il terrazzo!

- concentrati ad ascoltare il tuo corpo, ma utilizza pure le tecniche di visualizzazione per "pensare ad altro". Mia sorella, al suo secondo parto, mi raccontava di avere immaginato di essere su una spiaggia di un'isola tropicale. Io visualizzavo Las Vegas, una città statunitense che associo al divertimento e alla spensieratezza di un periodo della mia vita trascorso là. Ognuno di noi ha un luogo preferito o un'immagine cara: ingannati parzialmente, pensandoci. Rimarrai sorpresa di quanto ti aiuterà.

SEGRETO n. 20: esegui l'esercizio di Kegel, lo squat e la posizione di rilassamento sulla swiss ball da ora per prepararti al parto.

COSA TENERE SOTTO CONTROLLO PRIMA, DURANTE E DOPO L'ALLENAMENTO

Riscaldamento ("warm-up")

È importantissimo che tu proceda a un riscaldamento generale o, meglio ancora, specifico per ogni gruppo muscolare. Necessario perché ti garantisce che il tuo corpo sia pronto all'attività fisica senza pericolo di danni per te stessa e per il tuo bambino. Usa pesi leggeri e fai molte ripetizioni, oppure fai l'esercizio a corpo libero. Non trasformare però il riscaldamento in un allenamento completo!

Durante l'allenamento

Attenzione al surriscaldamento. Una temperatura corporea superiore a 39° C può causare problemi al feto, soprattutto nel primo trimestre. Evita allenamenti in posti e climi caldi. Fai particolare attenzione se nuoti in posti eccessivamente afosi: il fatto di essere immersa nell'acqua può farti notare di meno che ti stai surriscaldando.

Defaticamento ("cool-down")

È composto da esercizi respiratori con movimenti lenti e accompagnato a un blando stretching. Deve essere utilizzato alla fine di ogni seduta di allenamento per ristabilire i ritmi cardio-respiratori. È di importanza critica soprattutto al termine delle attività aerobiche: il sangue affluito alle gambe per la camminata o l'esercizio potrebbe rimanervi a lungo, causando una mancanza nelle altre parti del corpo, con vertigini e svenimento. In gravidanza è più difficile contrastare la stasi del sangue, perché gli ormoni allargano i vasi sanguigni, riducono la pressione e fanno "stagnare" alle estremità.

Come defaticarti? Anzitutto non arrestarti di botto: continua a camminare lentamente, sempre più lentamente, eventualmente "sul posto" per circa dieci minuti. Continua a muoverti piano, fino a quando senti che il cuore è tornato alla normalità. Prima di ciò, evita assolutamente di metterti a pancia in su o di fermarti, restando immobile.

Scopri quali sono gli indumenti comodi da indossare per allenarti

In pratica qualsiasi indumento che:

•non sia troppo stretto;

•sostenga adeguatamente il seno. Porta un reggiseno adatto;

•sia prodotto con tessuti che lascino circolare l'aria.

Un'idea in più

Scarpe da ginnastica: nell'ultimo trimestre, con il gonfiore dei piedi, potresti dovere acquistare una mezza misura in più. Vestiti a strati, per togliere gli indumenti man mano che l'allenamento procede e ti surriscaldi. Metti la tuta per allenarti prima possibile nella giornata. Sarà il segnale, per te e per tutti, che sei intenzionata ad andare in palestra. Inoltre, già pronta, risparmierai minuti preziosi per correre via nell'istante che potrai ritagliare la tua ora d'allenamento.

Discuti il programma d'allenamento insieme al ginecologo e/o all'ostetrica

In gravidanza i rischi di un'attività fisica regolare possono superare i benefici. La decisione se allenarsi o meno e come allenarsi deve essere presa con il medico o ginecologo, ancora prima che con il personal trainer o istruttore.

Durante le quaranta settimane di gravidanza ti sottoporrai regolarmente alle visite presso il ginecologo. In questa occasione parla dell'eventualità di praticare un'attività fisica, spiegando al medico cosa intendi fare. Egli saprà consigliarti al meglio. Potrà anzitutto approvare o non approvare. Se ti sconsiglia, fatti spiegare il motivo. Potresti avere una patologia che renderebbe l'allenamento pericoloso per te o per il bambino, ed è importante che tu lo comprenda senza avvilirti. In fondo, l'inattività sarà limitata al massimo per un anno della tua vita: una rinuncia possibile se è per il bene del bambino, no? La gravidanza è il momento più importante per dimostrare, o confermare, che sei dotata di buonsenso.

SEGRETO n. 21: la decisione se allenarti o meno e come allenarti deve essere presa con il medico o ginecologo ancora prima che con il personal trainer o istruttore. La gravidanza è il momento più importante per dimostrare, o confermare, che sei dotata di buonsenso.

PARmed-X for PREGNANCY

Negli USA medici, ostetriche e personal trainer professionisti possono ricorrere a *The Physical Activity Readiness Medical Examination for Pregnancy* o *PARmed-X for PREGNANCY*: un pieghevole di quattro pagine con domande e suggerimenti per valutare lo stato di salute in vista della partecipazione a un programma di fitness prenatale. Non mi risulta che in Italia esista un questionario simile: comunque una traduzione dall'inglese all'italiano fatta da me la puoi scaricare da www.rossellapruneti.com.

Ti incoraggio a leggerlo e utilizzarlo come promemoria per le domande da porre al tuo ginecologo e al tuo istruttore o personal trainer. Mostralo loro, se già non lo conoscono. Il ginecologo procederà, ad ogni modo, a raccogliere la tua anamnesi; il personal trainer, dal canto suo, condurrà per scritto o a voce un "fit check", cioè un'indagine delle tue abitudini, della tua situazione fisica attuale e dei tuoi obiettivi.

Riferimenti bibliografici:
Physical activity readiness medical examination for pregnancy (PARmed-X for PREGNANCY). Ottawa: Canadian Society for Exercise Physiology; 2002. Disponibile online: www.csep.ca/pdfs/parmed-xpreg(2002).pdf.
PARmed-X per la gravidanza, traduzione italiana di Rossella Pruneti, disponibile online: www.rossellapruneti.com

Come scegliere un personal trainer

Un personal trainer (di seguito abbreviato e definito "PT") o un istruttore preparati sul fitness in gravidanza possono rappresentare un grande aiuto, oltre che una forte motivazione e un solido supporto psicologico. In particolare:

- ti insegneranno la corretta esecuzione degli esercizi;
- ti stimoleranno a portare avanti sessioni moderate e sicure ma pur sempre efficaci;
- ti aiuteranno a adattare l'allenamento a te stessa e al tuo trimestre.

Il PT ti può seguire nella palestra da te preferita oppure consigliarne una. Alcuni allenamenti possono essere svolti all'aperto, in un parco, sulla spiaggia… non è obbligatorio stare in palestra per ogni lezione. Oppure, al contrario, puoi avere una home-gym e il PT per allenarti tra le mura domestiche.

Ma il PT è roba da ricchi? Non credere che sia un lusso riservato solo ai personaggi dello spettacolo! Oggi avere il proprio PT è un lusso che in molte si possono permettere. Se molte persone sommassero le cifre che spendono in creme miracolosamente… inutili, e nel *junk-food*, parola inglese per indicare il cibo poco nutriente ma molto ingrassante, vedrebbero che la spesa del PT è molto più bassa. Si deve ragionare in termini di conquista di know-how, benessere, attitudini positive e sicurezza, cose che sono di inestimabile valore sempre e comunque nella vita.

Figuriamoci nella delicata fase di una gravidanza.

Il costo di una singola seduta a domicilio si attesta in genere dai 40 agli 80 euro IVA esclusa, mentre in un centro fitness la cifra scende intorno ai 20-40 euro + IVA. La cifra in sé può spaventare, ma occorre tenere conto di eventuali sconti. Per esempio molti PT sono soliti applicare delle agevolazioni per chi acquista un pacchetto di lezioni, ad esempio dieci, offrendone qualcuna in omaggio. Altro aspetto importante da considerare è che, se ci si allena in coppia, il costo individuale viene generalmente ridotto del 30-40%. Un'idea se puoi condividere l'allenamento con un'altra mamma in attesa!

COME SELEZIONARE UNA PALESTRA E, AL SUO INTERNO, COME SAPERE QUALI MACCHINE VANNO BENE PER TE

Palestra commerciale o sede associativa

Gli esercizi possono essere eseguiti con pesi liberi, come manubri e bilancieri, o con macchine. Il primo è il modo tradizionale e più versatile per allenarsi. Le macchine sono una buona soluzione per le palestre, e sono convenienti perché riducono il bisogno di istruzioni. Abbassano anche il rischio di traumi acuti, dal momento che è più difficile perdere il controllo di una macchina che dei pesi liberi.

Quando sono usati correttamente i pesi liberi sono sicuri, ma richiedono più abilità di quanta ne richieda una macchina. Pur se alcune macchine sono di grande utilità quando vengono usate correttamente, molte rappresentano un intralcio per l'atleta serio. ante sono addirittura pericolose, perché bloccano in uno schema di movimento che può non adattarsi a parametri individuali, come l'altezza o la lunghezza degli arti. Deve essere fatta una distinzione fra macchine che bloccano in una posizione fissa e quelle che usano cavi e che permettono libertà di movimento. Per esempio, una lat machine, che ha un cavo e una puleggia in alto, permette molta libertà individuale di movimento e posizionamento; una pullover machine ne offre molta di meno.

Per ciò che riguarda la scelta tra pesi liberi e macchinari assistiti si pensa che nel tipo di lavoro dei macchinari non vengono chiamate in gioco le capacità coordinative di un individuo. Le macchine sono quindi consigliabili per un tipo di lavoro di completamento a uno già effettuato, con carichi liberi e con maggiore intensità, o per l'inizio di un programma per principianti propedeutico dello sviluppo di capacità coordinative che consentiranno l'esatto utilizzo dei pesi liberi, o, appunto, durante la gravidanza, quando è importante sostenere il corpo e non dovere ricorrere troppo a un equilibrio che si è fatto precario. Sostituisci le macchine ad alcuni esercizi con i pesi liberi che ti possono risultare più difficili per la riduzione di equilibrio della gravidanza. Ad ogni modo seleziona con attenzione le macchine: evita che ti portino a fare lavorare le articolazioni esercitando gran parte della forza nella posizione più debole. Ricorda che adesso hai i legamenti più lassi.

Palestra casalinga

Allenarsi a casa è difficile anche per un agonista, figuriamoci per una neomamma super impegnata! Non potrai avere il massimo dell'attrezzatura, le distrazioni sono tante, rimanderai di continuo perché ti dirai che tanto: «Non chiude come la palestra»: e finirai per non allenarti mai, giorno dopo giorno.

Ad ogni modo, se proprio devi allestirti una palestra casalinga, prendi come dotazione minima:

- coppie di manubri;
- cyclette o tapis roulant;
- elastici;
- panca;
- swiss ball.

...cercando di non trasformarli in appendiabiti o di metterli a prendere la polvere in cantina!

Ma stai scherzando?

Adesso che hai letto dal Giorno 1 al 4, e ancora più tornando a rifletterci dopo avere letto le rimanenti giornate, scorri questi "falsi miti" sull'attività fisica e la gravidanza. Sono tra le tipiche cose che tutti i sedicenti beninformati avvertono il dovere di ripetere a pappagallo a una mamma in attesa:

«L'attività fisica fa staccare il feto dalla parete dell'utero.»

«L'attività fisica fa impigliare il feto nel cordone ombelicale.»

«Le donne incinta non dovrebbero sollevare pesi.»

«Allenarsi durante l'allattamento rende il latte acido.»

«Allenarsi dopo una gravidanza causa ernia e prolasso dell'utero.» Adesso ti fanno sorridere, eh?

RIEPILOGO DEL GIORNO 4:

- SEGRETO n. 13: l'obiettivo è mantenere il livello di fitness durante la gravidanza. Non è pensabile aumentarlo ora. Assai probabilmente il tuo corpo ti dirà quando rallentare. Se lo fa, ascoltalo.
- SEGRETO n. 14: la gravidanza non è il momento per iniziare un programma d'allenamento intenso. In generale non è il momento per iniziare alcun drastico cambiamento fisico.
- SEGRETO n. 15: è l'allenamento di bodybuilding che ti renderà una mamma in forma e forte, per adattarti e sentire meno i dolori e il peso dei cambiamenti continui del corpo durante i mesi della gravidanza, e per dedicarti al tuo bambino giorno dopo giorno quando sarà nato. È l'allenamento di bodybuilding che ti farà ritornare in forma dopo la gravidanza, probabilmente ancora meglio di prima!
- SEGRETO n. 16: le donne dovrebbero allenarsi alla pari con gli uomini quanto a intensità. L'unico momento in cui l'intensità deve essere adattata, per una donna, è proprio durante la gravidanza.
- SEGRETO n. 17: sviluppare o mantenere un corpo flessibile è molto importante. Dovrebbe diventare un'abitudine per tutta la

vita. Più invecchiamo, più importante sarà il lavoro per la flessibilità.

- SEGRETO n. 18: scegli con attenzione l'attività fisica la cui pratica protrarrai durante la gravidanza. Non iniziare ora una nuova attività, e nemmeno incrementa l'intensità di una che già svolgi.
- SEGRETO n. 19: impara a programmare la mente in maniera positiva. Questo sarà l'allenamento più importante per il parto e per l'intera tua vita.
- SEGRETO n. 20: esegui l'esercizio di Kegel, lo squat e la posizione di rilassamento sulla swiss ball da ora per prepararti al parto.
- SEGRETO n. 21: la decisione se allenarti o meno e come allenarti deve essere presa con il medico o ginecologo ancora prima che con il personal trainer o istruttore. La gravidanza è il momento più importante per dimostrare, o confermare, che sei dotata di buonsenso.

GIORNO 5:

Come alimentarsi bene per nove mesi… e oltre

ATTENZIONE!

Gli argomenti toccati in questo giorno esulano dal mio compito e dalle mie competenze. Non sono dietista né dietologa. Ciò non toglie che talvolta, come personal trainer, mi trovi a trasmettere alcune nozioni di educazione alimentare. Nel corso del capitolo non entro volutamente nei dettagli e ti ricordo più volte che, per ogni cambiamento nell'alimentazione e nell'integrazione, soprattutto durante la gravidanza, **devi rifarti sempre al consiglio del tuo medico o al tuo ginecologo**.

Il tuo corpo, inondato dai potenti ormoni della gravidanza, ha reazioni strane di fronte al cibo: alcune donne notano una riduzione dell'appetito, altre sono in preda a una fame insaziabile, altre ancora avvertono voglia di cibi strani. L'apparato digerente non risente meno di altre parti del tuo corpo dell'azione degli ormoni e della crescita dell'utero. È allora importante nutrire con alimenti sani il corpo sottoposto a questi grossi e continui cambiamenti. Certamente ciò che mangi può avere effetto sulla salute del tuo bambino. Ma forse non hai mai pensato alla cosa anche sotto questo aspetto: il tuo bambino si nutre e cresce dal cibo che mangi. Scioccante? Eppure è così.

Ecco perché le 300 calorie circa da aggiungere all'alimentazione in gravidanza, partendo dal secondo e terzo trimestre, devono essere nutrienti e sane, cioè scelte con estrema attenzione. Se ti alimenterai correttamente, il corpo funzionerà a dovere e senza grossi intoppi: gli attacchi di fame dovuti alla danza degli ormoni saranno smussati, perché non ci sarà accesa di continuo, "la spia rossa" che segnala disperatamente la necessità di fare rifornimento.

Ricordalo per sempre! Indipendentemente dal trimestre in cui sei, trarrai benefici enormi dal mangiare a intervalli regolari e scegliere alimenti sani e questi benefici si ripercuoteranno anche sul tuo bambino. Durante la gravidanza la glicemia, cioè lo zucchero nel sangue, può abbassarsi molto velocemente a causa di un ormone nella placenta. Ecco perché saltare i pasti diventa tanto deleterio, portando a nausea, vomito e sensazione di testa leggera.

SEGRETO n. 22: consuma piccoli pasti con frequenza. Impegnati a rispettare la frequenza di pasti e spuntini per non cadere vittima dei "raptus famelici".

L'ideale sarebbe che anche la colazione, come pressoché ogni pasto della giornata, vedesse rappresentato ognuno dei nutrienti principale: proteine, carboidrati e grassi. Per esempio, una porzione di cereali con yogurt e frutta. Non sai che meraviglioso effetto può fare sul controllo della fame una colazione e uno spuntino a metà mattina, invece che prendere al mattino solo un caffè, e poi divorare di tutto a sera tarda o a notte fonda.

Talvolta, come ti anticipavo, in qualità di personal trainer, trasmetto alcune nozioni di educazione alimentare. Il più grosso successo, nelle diete sconclusionate con cui si torturano volontariamente tante donne, lo ottengo facendo introdurre una colazione sana e abbondante, insieme a uno spuntino leggero di metà mattina. Una volta una mamma mi ha scritto: «È incredibile la differenza che ha fatto il mangiare a metà mattina: non ho più terribili raptus famelici la notte, mi sento meglio, tutti mi vedono meglio e ho perso pure peso!»

SEGRETO n. 23: non saltare mai la colazione. Tutto l'equilibrio alimentare si poggia sul fondamento di una buona colazione: da oggi, non saltare più il primo pasto della giornata.

È importante, in questo periodo più che mai, tenere a portata di mano cibi salutari e non buttarsi sul "cibo spazzatura". Per "cibo spazzatura" intendo tutto ciò che è sottoposto a una pesante lavorazione industriale ed è ricco di grassi, sale, sostanze chimiche dannose, mentre risulta povero di nutrienti. Per "spuntini salutari" intendo frutta, yogurt, pane senza addizione di grassi, formaggi cremosi light, latte parzialmente scremato, albumi d'uova, frutta a guscio… La varietà della natura offre maggiore scelta della più sbrigliata fantasia del responsabile marketing di un gigante dell'industria alimentare.

Per "tenere a portata di mano" intendo che devi ricordarti di fare lo spuntino a metà mattina e pomeriggio. Ciò diventerà tanto più facile quanto più spesso avrai con te gli alimenti adatti. Impara a organizzarti già da adesso, perché quando il tuo bambino sarà nato diventerà obbligatorio girare fornita di alimenti sani!

Ci sono alcuni nutrienti che devi necessariamente introdurre nella tua dieta, altrimenti il bambino è a rischio. Ad ogni modo il feto, prima di trovarsi in un grosso rischio, prende quanto gli manca dalla madre. È la madre, allora, a correre il pericolo di malattie da carenza nutrizionale: ne consegue mancanza di energia, diabete gestazionale, depressione post partum. Se la madre non ha tali riserve, allora il problema è tutto del bambino e va a danneggiare il suo accrescimento nel grembo.

SEGRETO n. 24: tenere a portata di mano spuntini salutari e non buttarsi sul "cibo spazzatura".

Puoi distinguere un carboidrato da una proteina? Informazioni nutrizionali di base

Per alcune donne la gravidanza è l'occasione per interessarsi a qualche altro aspetto del cibo che non sia il gusto. Cioè informarsi. Se ti educhi alle informazioni alimentari di base:

- avrai la capacità di alimentarti bene ovunque ti servirai, dal frigorifero di casa al menù del ristorante di classe, passando perfino per un fast-food;
- avrai la possibilità di scegliere sempre in base ai tuoi gusti e non

sbagliare comunque;

- non ti priverai dei piaceri del buon cibo;
- non sarai mai più in balia di una fame incontrollabile;
- sarai soddisfatta del tuo aspetto estetico e godrai di un fisico efficiente sotto il punto di vista della salute.

Puoi reperire le necessarie informazioni nutrizionali chiedendo al tuo medico, al tuo personal trainer, in un buon libro oppure online. Ecco qui di seguito, per iniziare, l'ABC dell'alimentazione: sono solo nozioni di base!

I **carboidrati** costituiscono il componente principale di qualunque dieta equilibrata, potendo contribuire a fornire fino al 60-65% delle calorie totali, e sono la fonte primaria di energia. Il corpo umano non può sopravvivere senza, perché forniscono energia al cervello, ai muscoli, al metabolismo. Si suddividono in: 1) "zuccheri semplici" o "zuccheri" e 2) "carboidrati complessi" o "amidi". Documentati su quali sono più adatti e in quale momento della giornata, a cosa abbinarli meglio e cos'è il loro *indice glicemico.*

Appunto, cos'è l'indice glicemico? Quando mangi un qualsiasi carboidrato, il corpo rilascia insulina per regolare il peso corporeo, spingendo quei carboidrati nei muscoli in modo da usarli come energia oppure immagazzinandoli per usarli in seguito. Poi, come il meccanismo di arresto in una pompa di benzina, l'insulina sopprime l'appetito. È il segnale che dice al corpo di smettere di "rifornirsi": il serbatoio è pieno. I carboidrati sono contenuti prevalentemente nel regno vegetale, gli alimenti di provenienza animale non ne contengono che piccole quantità. L'amido è presente soprattutto nei cereali e nei legumi, oltre che nei tuberi, mentre come zucchero semplice esiste il fruttosio, lo zucchero della frutta.

Le **proteine** possiedono un grande numero di funzioni raggruppabili in tre grandi categorie:

- plastica: le proteine sono i "mattoni" per costruire tutti i tessuti continuamente soggetti a demolizione e ricostruzione, primi fra tutti i muscoli;
- regolatrice: le proteine sono precursori di ormoni, neurotrasmettitori e altre molecole di importanza biologica;
- energetica: al contrario dei grassi, che non possono essere trasformati in glucosio e necessitano dei carboidrati per poter

essere utilizzati come carburante, gli amminoacidi dentro le proteine possono essere trasformati in glucosio.

Queste funzioni delle proteine, durante la gravidanza, valgono anche per il corpo del bambino. In breve, le proteine sono "i mattoncini" del tuo corpo, ma anche di quello del tuo bambino dentro il pancione. Soprattutto durante il secondo e terzo trimestre, quando l'accrescimento del feto è massimo, dovresti badare a consumare una quantità adeguata di proteine: alcune fonti indicano circa 70 g al giorno, ma sarà il tuo ginecologo che saprà indirizzarti sui grammi precisi. Alcune valide fonti di proteine, sono i legumi, la carne magra, rossa e bianca, il pesce, le uova, il latte e i latticini.

Come distinguere alcuni tipi di grassi da altri. Grassi che aiutano la gravidanza, grassi buoni… cellule di grasso!

I grassi sono temuti e poco conosciuti, spesso perfino fraintesi. In pratica sono come il "bullo" della scuola! Eppure non tutti i grassi, dall'aspetto minaccioso, sono davvero cattivi. Alcuni grassi contengono sostanze fondamentali per il corretto funzionamento del corpo.

Presenti quasi ovunque negli alimenti, possiamo distinguere i grassi in base alla loro origine, in animali e vegetali. Da qui si differenziano anche in "saturi", il cui eccesso, diciamo oltre un 10% al giorno, porta a problemi di salute, e "insaturi". Alla domanda: «Se i grassi sono tanto dannosi, perché mangiarne?» ti rispondo con il segreto n. 25.

SEGRETO n. 25: la regola d'oro è non eliminare alcun alimento dalla propria dieta, soprattutto nel corso della gravidanza.

Tra i grassi insaturi troviamo, ad esempio, gli **omega-3**, essenziali in gravidanza perché il bambino li utilizza per la crescita di cervello, nervi, occhi e membrane cellulari. Dunque, impara come distinguere alcuni grassi da altri, e a inserire quelli buoni nella tua alimentazione. La cosa non è tanto semplice, perché, sempre tenendo presente l'esempio degli omega-3, buone fonti sono rappresentate da grossi pesci come lo sgombro, i quali, però, spesso contengono dosi pericolose di mercurio, a causa dell'inquinamento dei mari. Anche per questo ti rimando ad altre fonti di informazione e, soprattutto, al parere competente del tuo ginecologo.

ATTENZIONE

Nel caso più estremo di esclusione di una categoria di alimenti, cioè nella dieta vegetariana che taglia fuori ogni nutriente di origine animale, devi prestare enorme attenzione a non fare mancare niente al feto. Parlane a fondo con il tuo ginecologo. Probabilmente ti prescriverà integratori di ferro, vitamina B12 e vitamina D.

Dieta durante la gravidanza: solo se lo dice il tuo ginecologo

Come vedi tocchiamo solo marginalmente l'argomento "alimentazione", perché esula dai miei compiti di istruttrice e personal trainer. Posso suggerire alcune nozioni di base, una minima educazione alimentare, ma i particolari e le quantità sono di pertinenza del tuo ginecologo o, meglio, di un dietologo o di un dietista. Allora, possiamo domandarci quale sia la migliore dieta per la gravidanza?

SEGRETO n. 26: la migliore dieta per la gravidanza è quella che fornisce tutti i nutrienti necessari allo sviluppo ottimale del feto e al mantenimento della madre.

Da cosa si capisce se l'alimentazione che segui va bene? Anzitutto non sarai in balia di spaventosi attacchi di fame oltre a non aumentare di peso in modo allarmante. Vedi Giorno 2: "Perché non essere 'super' in forma e freneticamente attiva durante la gravidanza".

Dieta durante l'allattamento: va bene, ma attenta! Alla fine la vittima sei tu, non il tuo bambino

Ricorda che l'allattamento comporta un deficit calorico superiore a quello dovuto alla gravidanza: 500 calorie al giorno contro 300, quasi il doppio. Anche alimentandoti come prima, l'allattamento stesso dovrebbe portarti a una costante riduzione del peso.

Devi prestare molta attenzione nello scegliere l'alimentazione, a maggior ragione se ipocalorica e dimagrante, perché la qualità del latte dipende strettamente dallo stato di nutrizione e di salute della madre. Inutile sottolineare che la natura e il buon senso danno la priorità alla produzione di latte nutriente per il bambino. Quindi, se ti metti a dieta:

1. dapprima ti impoverisci di importanti sostanze;
2. in un secondo momento danneggi il bambino.

Infatti enti come la LLL sconsigliano di seguire una dieta nei primi due mesi seguenti la gravidanza, perché:

•devi riprenderti dal parto;

•devi avviare la produzione di latte.

SEGRETO n. 27: nella maggioranza dei casi è più importante allattare al seno il tuo bambino e farlo salire di peso, piuttosto che perdere i chilogrammi superflui accumulati con la gravidanza.

Per le mamme che allattano al seno è fondamentale la guida e il supporto del pediatra o del medico di fiducia. Puoi integrare il consiglio professionale documentandoti online presso siti come www.lllitalia.org e www.lalecheleague.org.

Come organizzare i tuoi pasti, e dosare l'acqua che bevete bevi, da mattina a sera

Prima della gravidanza dovresti avere già appreso che è necessario mangiare *ogni due-tre ore*, con cinque-sei pasti al giorno: tre pasti principali e due-tre spuntini. In pratica, a partire dal risveglio fino al momento in cui vai a dormire, dovresti seguire la frequenza dei pasti indicata in tabella:

FREQUENZA DEI PASTI NELLA GIORNATA

Colazione

Spuntino di metà mattina

Pranzo

Spuntino di metà pomeriggio

Cena

Spuntino prima di dormire

Sembra la tabella di marcia di un treno espresso? Un po' lo è. Mangiare, almeno inizialmente, diventa un impegno, se non si è abituate a rispettare questa cadenza, ma alla lunga:

- la glicemia rimarrà costante: fatto salutare per te e per il bambino. Tu non sarai più in balia dei "raptus famelici" e regolarizzerai l'appetito, e il tuo bambino avrà nutrimento costante senza pericolosi sbalzi;

- brucerai più calorie e, in definitiva, ridurrai il grasso corporeo;
- sarai più lucida mentalmente, perché l'organismo sarà meno appesantito dalla digestione di pasti abbondanti e pesanti.

Questi sono soltanto alcuni dei vantaggi!

Il più importante di tutti i nutrienti: l'acqua

In gravidanza ti ritroverai assillata dalla necessità di ricorrere al bagno, ma non per questo devi ridurre il consumo d'acqua. L'acqua è il più importante di tutti i nutrienti, sebbene non sia un alimento. Anche se non apporta alcuna caloria, è un elemento indispensabile per il corretto funzionamento dell'intero organismo: più di tre quarti del corpo è composto di acqua.

Perfino una struttura che ci immaginiamo "secca", come l'osso, è formata per più di un quinto da acqua. In quanto all'importanza dell'acqua in gravidanza, rifletti soltanto su questo: giunta al terzo trimestre hai quasi il doppio del sangue. Per raddoppiarlo il corpo ha utilizzato anche e soprattutto l'acqua che bevi. Capisci quanto è importante idratarsi correttamente in gravidanza? Bere poco o, nel caso estremo, arrivare alla disidratazione può dare sensazione di testa leggera, svenimento, riduzione a livelli pericolosi del liquido amniotico, parto prematuro. Mantenerti correttamente idratata è sempre e comunque importante perché:

- regola la temperatura corporea;
- mantiene l'equilibrio di sali minerali;
- evita la costipazione;
- previene le emorroidi.

E anche questi sono solo alcuni dei vantaggi!

Di acqua ne serve almeno un litro e mezzo al giorno, quantità che può essere assorbita sia sotto forma di varie bevande che di alimenti. La sete non è un indicatore affidabile della disidratazione. Un'indicazione è il colore delle urine: se sono molto chiare, allora sei idratata; viceversa, no. Bevi prima di avvertire sete o di notare che le urine sono troppo scure!

SCHEMA SUGGERITO PER IDRATARTI IN VISTA DELL'ATTIVITÀ FISICA

500 ml d'acqua almeno un'ora prima di allenarti
Altri 300-500 ml almeno durante l'attività
500 ml dopo per reidratarti completamente

SEGRETO n. 28: bevi acqua a sufficienza. Almeno gli otto

bicchieri al giorno che sono da sempre raccomandati.

Il requisito basilare per l'acqua da bere in gravidanza è che sia "microbiologicamente pura". Le acque che provengono da sorgenti di alta collina e montagna sono probabilmente meno inquinate. L'inquinamento delle acque può essere causato dagli agricoltori, con pesticidi, concimi e quant'altro non rientra nell'agricoltura biologica, non meno che dalle industrie, che rilasciano scorie tossiche, scarichi di inquinanti delle falde in profondità ecc. Un discorso a parte va fatto per i materiali di confezionamento delle bottiglie: il vetro è il materiale migliore per la conservazione. Ecco le principali classificazioni delle acque:

Acque oligominerali

Il residuo fisso, cioè la quantità di sali minerali, il "microscopico mucchietto di polvere", che rimane dopo che l'acqua è stata bollita a 180°, deve essere al massimo 200 mg per litro: sono le più "leggere".

Acque medio minerali

Il residuo fisso è tra i 200 e i 1000 mg per litro: Sono quelle più comuni.

Acque minerali
Il residuo fisso a 180° è superiore a 1000 mg per litro: sono le più "pesanti". Secondo quanto stabilito dall'Organizzazione mondiale della sanità tale residuo non deve mai superare i 1500 mg per litro.

Scegli alimenti ricchi di acqua
L'acqua contenuta in quasi tutti i cibi ha una maggiore e migliore biodisponibilità, cioè viene assorbita meglio dall'intestino e quindi utilizzata maggiormente dal nostro organismo. Quindi assumere una buona quantità e varietà di frutta e verdura equivale a bere "molto bene".

Come ridurre al minimo la ritenzione idrica; perché non puoi risolverla completamente
Il 50% delle mamme in attesa ha ritenzione idrica. Peggiora soprattutto nel terzo trimestre e in estate, ma è grosso modo un fenomeno "normale". Anche questo dipende dall'innalzamento

ormonale, per lo più del "famigerato" ma importante ormone *progesterone*.

Indicazioni per attenuare la ritenzione idrica:

- sdraiati spesso con i piedi sollevati;
- evita indumenti e calzature troppo strette che ostacolano la circolazione;
- cammina e, se hai ottenuto il nullaosta ad allenarti in gravidanza, pratica del nuoto o dello yoga;
- bevi;
- consuma alimenti naturalmente diuretici, come sedano, cipolle, melanzane, anguria, melone, zucchine, menta, ma ovviamente non l'aroma del chewing-gum!

Esistono davvero le voglie alimentari? Cosa fare.

TIMORE: «Non riuscirò a controllare le "voglie" gravidiche»

VIA LA PAURA: le voglie non devono essere sempre controllate!

Così come quando non eri incinta, è normale che ci siano momenti in cui il tuo corpo chiede alcune sostanze per quanto non salutari e "proibite". Mi riferisco a fritti, cioccolata, cibo da fast-food ecc.

Come lo spiega la scienza

Sì, le "voglie" esistono e la scienza sembra spiegarle con la mancanza momentanea di uno specifico nutriente. Il corpo desidera ciò che gli manca a livello nutrizionale. Questo renderebbe ragione del perché è possibile avere voglia anche di alimenti perfettamente "sani e dietetici": arachidi, un tipo di frutta, una particolare verdura ecc. La voglia segnala l'intento dell'organismo di ricercarli e approvvigionarsene. Secondo altre teorie scientifiche, alla base delle voglie ci sono fluttuazioni ormonali oppure motivazioni psicologiche.

Come lo spiego io

Talvolta le voglie in gravidanza si presentano proprio per il meccanismo della "profezia che si autoavvera": te le aspetti perché hai sentito dire che esistono! Personalmente non ne ho avute, benché la mia alimentazione è molto monotona e semplice. Se devo dire la verità, ho casomai subito più che altro le avversioni ad alcuni alimenti durante la gravidanza, tra cui il mio adorato caffè, che non sono riuscita non solo a sorseggiare ma neanche ad “annusare” per oltre nove mesi.

Alimenti che dovresti evitare durante la gravidanza (in ordine puramente alfabetico!)

Alcuni sono ovvi, altri ti sorprenderanno per il fatto che compaiono in questo elenco. Prendine atto e continua a proteggere lo sviluppo del tuo bambino. Documentati online o su un libro riguardo agli alimenti non sicuri in gravidanza. E, certamente, il tuo ginecologo è la massima autorità in questione.

Additivi alimentari

Molti sono tossici per il sistema nervoso. Uno tra tutti, il glutammato monosodico. Leggi le etichette.

Alcol

Interferisce con la normale crescita del feto e comporta un maggiore rischio di aborto.

Alimenti non cotti

Attenzione alle versioni crude di alimenti permessi in gravidanza, per esempio la carne non cotta bene, il pesce crudo, i wurstel, gli affettati, i latticini non pastorizzati.

Caffeina

Va ridotta a 200 mg per giorno oppure abolita. Interferisce con la normale crescita del feto e comporta un maggiore rischio di aborto.

Cibo spazzatura

Ne abbiamo già parlato, occorre ripeterci?

Dolcificanti artificiali

Puoi benissimo evitarli per nove mesi e stare tranquilla. Bevi acqua invece delle bevande light con edulcoranti di sintesi e il caffè prendilo amaro, oppure, meglio ancora, lascia da parte anche quello.

Grassi trans

Leggi bene le etichette per scovarli. Attenta anche alla dicitura "grassi parzialmente idrogenati", oltre ai colpevoli evidenti che sono tutti i fritti. Evitali perché inibiscono l'impiego degli acidi grassi necessari per la crescita cerebrale del feto.

Soia

Il baluardo della dieta vegetariana contiene elementi, per esempio i fitoestrogeni, che possono impedire l'assimilazione di importanti nutrienti da parte del tuo feto.

Lo sapevi?

Durante la gravidanza alcune donne sono colpite da "pica", un disturbo che le porta a desiderare di mangiare cose non commestibili: argilla, amido per bucato, vetro...Se hai di questi pensieri, parlane immediatamente con il medico.

Integratori: l'importanza scientifica di alcune di quelle pillole

Anzitutto non somministrartele da sola: in gravidanza non l'ho fatto neppure io, sebbene da una vita sia abituata a prendere una compressa di multivitaminico con minerali al giorno! Attieniti alle indicazioni del ginecologo. La gravidanza, lo ripeto, non è il momento per fare di testa propria.

SEGRETO n. 29: anche in gravidanza i supplementi saranno

a sostegno di una dieta salutare, e non a sua sostituzione. Prendi gli integratori neonatali solo se e come consigliato dal ginecologo.

Lasciati consigliare dal ginecologo circa quali integratori assumere e in quale momento. Non tutte le vitamine prenatali devono essere assunte dall'inizio alla fine della gestazione.

RIEPILOGO DEL GIORNO 5:

- SEGRETO n. 22: consuma piccoli pasti con frequenza. Impegnati a rispettare la frequenza di pasti e spuntini per non cadere vittima dei "raptus famelici".
- SEGRETO n. 23: non saltare mai la colazione. Tutto l'equilibrio alimentare si poggia sul fondamento di una buona colazione: da oggi, non saltare più il primo pasto della giornata.
- SEGRETO n. 24: tenere a portata di mano spuntini salutari e non buttarsi sul "cibo spazzatura".
- SEGRETO n. 25: la regola d'oro è non eliminare alcun alimento dalla propria dieta, soprattutto nel corso della gravidanza.
- SEGRETO n. 26: la migliore dieta per la gravidanza è quella che fornisce tutti i nutrienti necessari allo sviluppo ottimale del feto e al mantenimento della madre.
- SEGRETO n. 27: nella maggioranza dei casi è più importante allattare al seno il tuo bambino e farlo salire di peso, piuttosto che perdere i chilogrammi superflui accumulati con la gravidanza.
- SEGRETO n. 28: bevi acqua a sufficienza. Almeno gli otto bicchieri al giorno che sono da sempre raccomandati.
- SEGRETO n. 29: anche in gravidanza i supplementi saranno a

sostegno di una dieta salutare, e non a sua sostituzione. Prendi gli integratori neonatali solo se e come consigliato dal ginecologo.

GIORNO 6:
Come tornare in forma dopo il parto

Moltissime donne che hanno avuto figli fanno “terrorismo psicologico”. Sostengono che, dopo il parto, è pressoché impossibile tornare in forma e che, ad ogni parto, la situazione si aggrava. Niente di più sbagliato. In pratica l’intero ebook è stato animato dal mio desiderio di farti sapere **che non è così** e spiegarti come fare a rimanere in forma durante e dopo la gravidanza.

Insomma, è possibile tornare in forma, o finalmente mettersi in forma, se prima non lo si era, dopo una gravidanza? Ma sì! Occorre un po’ di tempo: forse meno di quanto pensi, ma comunque il ritmo tranquillo che la natura richiede, e saper dosare sapientemente alimentazione, allenamento e umore. E poi la via più veloce la conosci già: **essere stata già in forma prima della gravidanza stessa**. Se vuoi che la conquista sia tua a vita, è anche necessario che tutto questo diventi il tuo stile di vita. Non sarà più nemmeno faticoso.

AVVERTENZA

Questo capitolo è strettamente collegato al Giorno 5: "Come alimentarsi bene per nove mesi... e oltre". Infatti, sebbene l'attività fisica sia importante tanto per la salute quanto per l'aspetto estetico, esiste più di uno studio dove è indicato che allenarsi nel post partum non permette necessariamente di dimagrire, a meno che non si abbini una restrizione calorica.

Ti sembrerà che abbia detto una stupidaggine e che vada da sé che per dimagrire occorre fare la dieta. Eppure, quante donne pensano di potere sopperire a una cattiva alimentazione iscrivendosi in palestra? E poi, forse, neanche frequentandola... Perfino nel bodybuilding l'alimentazione incide per il 70%. Quantitativamente, perché si ha un dimagrimento solo se consumiamo più di quanto introduciamo; e qualitativamente, perché "se entra spazzatura, esce spazzatura!".

Riferimenti bibliografici:

Boardley DJ, Sargent RG, Coker AL, Hussey JR, Sharpe PA. 1995. *The relationship between diet, activity, and other factors, and postpartum weight change by race. Obstetrics and Gynecology* 86:834–838.

Ohlin A, Rossner S. 1990. *Maternal body weight development after pregnancy. International Journal of Obesity* 14:159–173.

Clapp JF III, Little KD. 1994. *The physiological response of instructors and participants to three aerobics regimens. Medicine and Science in Sports and Exercise* 26:1041–1046.

Clapp JF III, Little KD. 1995. *Effect of recreational exercise on pregnancy weight gain and subcutaneous fat deposition. Medicine and Science in Sports and Exercise* 27:170–177.

Ohlin A, Rossner S. 1994. *Trends in eating patterns, physical activity and sociodemographic factors in relation to postpartum body weight development. British Journal of Nutrition* 71:457–470.

Tornare in forma dopo il parto, soprattutto tornare alla vita attiva, è importante per il benessere psicofisico della mamma.

Circa sei settimane dopo il parto farai un controllo dal ginecologo e, se tutto a posto, potrai iniziare a riprendere l’attività fisica. Alcune volte è possibile ricominciare dopo tre settimane. Nel caso di un parto senza alcuna complicazione, come il mio, anche dopo due settimane.

SEGRETO n. 30: dopo il parto comincia, o ricomincia, l'attività fisica con gradualità. Riprendi l'attività fisica lentamente, rispettando il corpo e i suoi limiti attuali.

Esercizio di kegel

Tra i primi esercizi che potrai, e direi quasi "dovrai", ricominciare a fare, c'è questo. Favorendo l'afflusso di sangue al pavimento pelvico ridurrai quella sensazione di pressione e gonfiore che, altrimenti, permane per diversi giorni dopo il parto. Contrariamente a quanto puoi pensare, ne trarrai giovamento perfino in caso di episiotomia, perché l'esercizio aiuterà ad allentare la tensione sui punti. Ti aiuterà anche a ridurre il rischio di incontinenza urinaria e le emorroidi.

Camminare

Anche il camminare può essere ripreso immediatamente. Fai quello che riesci, senza arrivare all'affaticamento.

Allenamento in palestra

Puoi riprendere gli esercizi, purché inizi con carichi leggeri. Non devi sentire dolore o fastidio. Selezionali in base a questo e, anzi, prestando attenzione a svolgere solo quelli che ti fanno sentire meglio.

Pronta per la tua attività preferita

Dopo un periodo che può variare da due a otto settimane, a seconda se il parto è stato vaginale e senza complicazioni, oppure cesareo, puoi riprendere l'allenamento regolare. La ripresa sarà convalidata dal ginecologo.

Frequenza

Ti sembrerà pazzesco trovare il tempo, e anche il cuore per stare lontana anche solo un'ora dal tuo pargoletto, eppure *non* devi dimenticarti di te stessa. Abbi coraggio, amati e sfodera un po' di sano egoismo: trova il tempo per allenarti e pensare a te stessa.

Chiedi al tuo partner, ai familiari, agli amici di aiutarti badando al bambino. Personalmente portavo mia figlia con me nei primi mesi, la tenevo nell'ovetto e mi allenavo in sala pesi. Non lo consiglio però, per più motivi. Anzitutto l'ambiente è eccessivamente pericoloso per tenerci un ovetto in mezzo: troppe sono le possibilità che cada un attrezzo.

Inoltre mi dovevo distrarre di continuo per cullarla o calmarla in caso di pianto, spesse volte perfino per allattarla! E lì ho avuto esperienza empirica, poi confermata dalle ricerche scientifiche che ho reperito, che un allenamento a intensità media non rovinava il latte.

SEGRETO n. 31: l'attività fisica, a meno che non sia estremamente intensa, non interferisce con la capacità di allattare. Inoltre non ha effetto sul latte stesso.

Ricordati una cosa: non sarà sempre così. Non dipenderai sempre dalle poppate o da chi deve badare al tuo bimbo. Presto andrà a scuola e avrai molti momenti per te.

Come sarai nelle prime settimane

Nei primi giorni successivi al parto ci saranno i postumi della grande tensione e dell'enorme sforzo del parto, abbinati alle nuove fluttuazioni ormonali. Per il corpo della mamma, gli ultimi stadi della gravidanza e il parto sono un trauma:

- il peso corporeo sale vertiginosamente, per poi abbassarsi di 6-7 kg nel solo tempo del parto. I tessuti connettivi sono stressati da quaranta settimane di gestazione e dalle ultime pesanti ore del travaglio e parto;

- il pavimento pelvico è danneggiato per la performance delle spinte e dell'espulsione del bambino;
- puoi avere subito un'episiotomia, e i punti ti procureranno dolore: camminando, stando seduta, tossendo o starnutendo;
- sempre nel pavimento pelvico, potresti avere le *emorroidi*: un rigonfiamento e sanguinamento del tessuto vicino all'ano;
- incontinenza urinaria, dovuta allo stiramento dei muscoli del pavimento pelvico durante il parto;
- lochiazioni, cioè perdite vaginali che possono protrarsi per quaranta giorni;
- morsi uterini, cioè contrazioni dell'utero che continuano per qualche giorno;
- la montata lattea, nel caso che tu allatti, renderà il seno dolente;
- gli ormoni sono nuovamente variati. Oltre a doverti adattare alla variazione, essa, insieme alla perdita dei litri di sangue aggiuntivi della gravidanza, ti darà problemi nella regolazione della temperatura corporea;
- il peso corporeo sarà sceso di circa 6-7 kg: quelli corrispondenti al bambino, alla placenta e al fluido amniotico;

- dopo la prima settimana il corpo ritrova il proprio equilibrio elettrolitico: perderai parte della ritenzione idrica, e sono altri chilogrammi in meno;

Come non essere troppo severa con te stessa ma nemmeno avanzare scuse futili? Tornando ad allenarti! Il tuo bambino sarà felice di avere una mamma rilassata e in forma!

L'allenamento riduce o elimina la maggioranza dei sintomi post parto: soprattutto la depressione e lo stress. Uno studio su oltre un centinaio di donne ha esaminato come veniva recepito il cambiamento del proprio corpo durante la gravidanza e dopo il parto. Durante la gravidanza le donne non si sentivano meno attraenti e più grasse, ritenevano di avere mantenuto il livello di fitness e di forza e non davano importanza ai chilogrammi e alla linea; dopo il parto si sentivano invece sempre più grasse e meno soddisfatte del peso e della linea.

Sii consapevole del fatto che questo sarà un periodo particolare, durante il quale ti trovi in bilico tra la vecchia figura di donna e la nuova di madre. Il fitness potrà aiutarti molto, per saperle conciliare al meglio.

Riferimenti bibliografici:
Clark A, Skouteris H, Wertheim EH, Paxton SJ, Milgrom J. *The relationship between depression and body dissatisfaction across pregnancy and the postpartum: a prospective study* J Health Psychol. 2009 Jan;14(1):27-35.

Come allenarti contro la depressione post partum?

Evita, per quanto possibile, di cadere nel saliscendi dell'umore dovuti all'assestamento ormonale o, peggio, ad una vera e propria depressione post partum. Anzitutto evita situazioni da "gatto che si morde la coda": sei depressa e non vuoi allenarti, ma il fatto di non sentirti a tuo agio fisicamente ti deprime ancora di più. Rompi questi circoli viziosi. Se necessario, chiedi aiuto al medico. Consultalo senz'altro se la depressione dura per più di due settimane oppure se è troppo forte.

Stabilisci obiettivi realistici. Non proporti l'impossibile. Nel caso occorra, fatti aiutare da un personal trainer. Rifletti. Non sei aumentata di peso in un solo mese di gravidanza. Ce ne sono voluti dieci. Per questo, è realistico prevedere che tornerai indietro in altrettanto tempo. Adesso più che mai devi salvaguardare la tua salute. Non puoi pensare di strapazzarti di aerobica e privarti del cibo con una dieta da fame. Non avresti energie per prenderti cura della famiglia.

Impara a trasformare il: «Devo andare in palestra» in «Voglio andare in palestra.» Ascolta te stessa, osa sognare e tirare fuori ciò che più desideri fare. Te lo meriti, dopo l'impegno che hai profuso nella gravidanza e quello che riverserai da adesso in poi nei confronti del tuo bambino.
Una volta deciso dove vuoi arrivare, arrivaci. Fai in modo che avere una meta da raggiungere ti dia forza e motivazione. Organizza gli obiettivi in modo facile. Le cose facili sono quelle che funzionano. Inizia con qualcosa molto alla tua portata e fissa il suo conseguimento nel breve termine. Qualcosa di ottenuto (successo) nel breve termine (velocità) ti darà la carica per continuare a impegnarti.

SEGRETO n. 32: a cominciare dalla nascita del tuo bambino, stabilisci obiettivi realistici e facili, ascoltando i tuoi desideri. Scegli un'attività fisica in base a capacità e gusti personali. In questo momento più che mai.

Adesso stabilisci un altro obiettivo, leggermente più "impegnativo", in un altro lasso di tempo. E così via. Passo dopo passo, un giorno, guardandoti allo specchio, rimarrai piacevolmente sorpresa di quanto lontano sei arrivata. Circondati di familiari e amici. Non isolarti. Chiedi se ti possono aiutare a badare al bambino mentre esci per una passeggiata o per andare un'ora in palestra. Coinvolgili pure nella tua attività fisica: uscite insieme per una corsa con il passeggino da jogging, ad esempio. Ritagliati almeno mezz'ora al giorno per la tua cura personale: doccia, trucco, capelli. Se ti senti carina, starai molto meglio d'umore.

SEGRETO n. 33: ritagliati almeno mezz'ora al giorno per la tua cura personale.

Come prima in otto-dodici mesi

Se il tuo incremento di peso in gravidanza è stato intorno al limite massimo consigliato, potresti tornare al tuo peso pre-gravidanza entro otto-dodici mesi.

Otto-dodici mesi ti sembreranno tanti, almeno in prospettiva dopo il parto, ma non è possibile abbreviare i tempi mantenendo la salute e ottenendo un bel risultato di tonificazione. Otto-dodici mesi non sono una cifra magica, ma quanto occorre al tuo organismo.

Gli otto mesi saranno necessari tanto che allatti oppure no. ovviamente, da una parte, l'allattamento ti aiuterà creando un deficit calorico stimato intorno alle 500 calorie quotidiane, questo significa che se, allattando, introduci sempre lo stesso quantitativo di calorie, è come se seguissi una dieta che sottrae 500 calorie al giorno al tuo totale calorico. Dall'altra parte l'assetto ormonale necessario intralcerà, parzialmente, il risultato estetico: in parole povere, il tuo fisico potrebbe apparire gonfio o poco in forma per colpa degli ormoni necessari all'allattamento).

Meglio di prima, per sempre

Allenarti e seguire sane abitudini alimentari dopo la nascita del bambino ti aiuterà a tornare velocemente in forma: mentre lo fai, continuando negli anni, sarai un ottimo esempio per la famiglia e anche per il piccolo.

Cura personale fin dall'inizio: come cominciare proprio dal momento che torni in camera dalla sala parto, e cominci a ricevere visite

Hai appena partorito. In qualsiasi modo sia andata, adesso sei un po' "stropicciata". Non sogni certo di andare dal parrucchiere oggi stesso; ma fai uno sforzo, e passa subito a riprenderti cura di te stessa. Questo periodo sarà stupendo per la gioia di vedere finalmente il tuo bambino e stringerlo tra le braccia, ma attraverserai anche una delicata fase psicologica: un po' per gli ormoni che continuano la loro danza e devono tornare all'assetto pre-gravidanza, un po' perché assisti a un capovolgimento della tua figura e della tua vita. Tra poche settimane l'attività fisica diventerà la tua alleata principale, per aiutarti:

- a perdere il peso rimasto dopo il parto;
- a ridurre al minimo la depressione post partum;
- ad adattarti alla nuova situazione.

Come trovare il tempo per la cura personale durante le primissime settimane con il bambino

L'attività fisica può sembrare impossibile nei primissimi giorni con il bambino. Come abbiamo detto, prenditela comoda, almeno fino alla prima visita dal ginecologo. Un'attività fisica troppo intensa, ripresa troppo presto, può rallentare la ripresa. Ciò non toglie che tu debba riprendere immediatamente uno stile di vita sano e curare la tua persona.

Appena sentirai che è il momento, avuta la conferma e il nullaosta da parte del ginecologo, l'attività fisica diventerà una delle tue alleate migliori per essere bella e in forma. Intanto dedicati al trucco, all'igiene personale, a creme idratanti e massaggi. Come nei nove mesi precedenti ti sei coccolata nel tuo nuovo fisico con il pancione, adesso progetta da subito come coccolarti.

Allattamento: come può aiutarti a tornare in forma, e come può non farlo

Una mamma mi ha risposto che non allattava perché è una fumatrice. Non era forse il caso di smettere, eliminando il suo vizio malsano? No, ha preferito privare lei stessa e la sua bambina dell'esperienza incredibilmente appagante dell'allattamento al seno. Perché allattare, quale importanza ha? Questo è uno di quei momenti in cui non puoi essere egoista.

Come lo spiega la scienza

L'attività fisica non interferisce con la produzione di latte o con la sua composizione. L'acido lattico aumenta nel latte delle mamme che si allenano a intensità massimale, ma a livelli moderati non avviene alcuna modificazione. Un'attività fisica moderata durante l'allattamento:

- *non* influenza la quantità del latte;
- *non* influenza la composizione del latte. L'incremento di acido lattico, se si verifica, avviene nel breve termine: quindi, se il bambino non lo gradisce, puoi organizzare le poppate immediatamente prima dell'allenamento e in sua lontananza;
- *non* influenza la crescita. La crescita dei bambini allattati al seno da mamme che si allenano è normale, perfino se le mamme stanno perdendo peso.

Riferimenti bibliografici:

Lovelady CA, Lonnerdal B,Dewey KG. *Lactation performance of exercising women.* Am J Clin Nutr 1990;52:103–9.

Dewey KG, Lovelady CA, Nommsen-Rivers LA, McCrory MA, Lonnerdahl B. *A randomized study of the effects of aerobic exercise by lactating women on breast-milk volume and composition.* N Engl J Med 1994;330:449–53

Prentice A. *Should lactating women exercise?* Nutr Rev 1994;52:358–

60.

Wallace JP, Inbar G, Ernsthausen K. *Infant acceptance of post-exercise breast milk.* Pediatrics 1992;89:1245–7.

Wallace JP, Rabin J.*The concentration of lactic acid in breast milk following maximal exercise.* Int J Sports Med 1991;12:328–31.

Carey GB, Quinn TJ. *Exercise and lactation: are they compatible?* Can J Appl Physiol 2001;26:55–74.

Sampselle CM, Seng J, Yeo S, Killion C, Oakley D. *Physical activity and postpartum well-being.* J Obstet Gynecol Neonatal Nurs 1999;28:41–9.

Duffy L. *Breastfeeding after strenuous aerobic exercise: a case report.* J Hum Lact 1997;13:145–6.

Wright KS, Quinn TJ, Carey GB. *Infant acceptance of breast milk after maternal exercise.* Pediatrics 2002;109:585–9.

L'allattamento fa rilasciare un certo numero di ormoni che aiutano l'utero a tornare al volume e alla forma precedenti la gravidanza. Nelle dodici settimane successive al parto l'allattamento aiuta a perdere peso, ma nella maggioranza delle volte non vedrai il calo di peso prima che l'allattamento non sia interrotto. Ciò a causa dei potenti ormoni. In pratica raccoglierai in un secondo momento i vantaggi che l'allattamento fa conseguire sulla linea. È come mettere in banca il denaro ora, per riscuoterlo dopo con gli interessi!

Riferimenti bibliografici:
American College of Obstetricians and Gynaecologists, Resource Center, disponibile online:
www.acog.org/departments/dept_web.cfm?recno=20

Non credere assolutamente che basti allattare tout court per perdere peso pur buttandoti a mangiare di tutto. Questo, da solo, non può essere sufficiente. Per tornare a un peso soddisfacente devi comunque alimentarti in modo equilibrato e allenarti. Oltre che portare pazienza che la natura sistemi lo scompiglio ormonale. Puoi seguire una dieta ipocalorica durante l'allattamento, se ne hai necessità, ma che non sia sotto le 1800 calorie al giorno. Ricorda sempre che per l'allattamento quotidiano spendi ben 500 calorie! In gravidanza, invece, ne consumavi poco più della metà.

SEGRETO n. 34: non pensare che basti allattare tout court per perdere peso, pur buttandoti a mangiare di tutto. Devi comunque alimentarti in modo equilibrato, e allenarti. Oltre che aspettare con pazienza che la natura sistemi lo scompiglio ormonale.

Allattamento ergonomico

Impara fin da subito la postura corretta per allattare. Se continuerai per tre, sei mesi, un anno, e talvolta anche più a lungo, stare scomposta presenterà grosse ripercussioni sulla tua colonna vertebrale, sui muscoli, sulle articolazioni e sui legamenti. Alcune innocenti abitudini nella posizione dell'allattamento creano fastidiosi problemi fisici: per esempio, sostenere la mammella con la mano può sottoporre a tensione il polso e portare alla sindrome del tunnel carpale. Evitalo, arrotolando un asciugamano e inserendolo sotto il petto, proprio nella piega del seno.

La posizione ideale per l'allattamento è:

- pelvi e colonna vertebrale in posizione neutra, cioè rispettando le curve naturali. Circondati di cuscini per appoggiare te stessa e il tuo bambino. Se la sedia o la poltrona non danno sostegno adeguato a livello lombare, sistema un piccolo cuscino o un asciugamano arrotolato;
- schiena appoggiata. Ricordati di sostenerti sempre in maniera corretta. Evita di "sprofondare", schiacciando i dischi intervertebrali e assumendo posizioni dannose per la colonna;
- spalle indietro e abbassate. Controlla ogni involontaria

contrattura dei muscoli del collo e della parte alta della schiena. Hai le spalle sollevate verso le orecchie? Decontrai, e abbassale;

- mento sullo sterno. La parte cervicale della colonna sarà in distensione.

Come tornare ad allenarti

Appena tu e il tuo medico ritenete che sia l'ora, comincia ad allenarti.

La scaletta del recupero

1. La prima immediata ed evidente preoccupazione sarà il recupero dal parto. Il parto è stato un evento di impegno enorme per il corpo, paragonabile a una prestazione atletica di livello elevatissimo. Lascia qualche settimana, affinché il corpo e la mente si resettino e si riprendano dallo sforzo. E nel caso di un cesareo? Secondo alcuni medici il cesareo permette di tornare in forma prima, perché il taglio della parete addominale e dell'utero è una vera e propria ferita, per la riparazione della quale l'organismo accelera il metabolismo. A dire il vero, questa spiegazione scientifica non mi convince affatto. Nella realtà, poi, le mamme con cesareo notano una persistenza del

gonfiore addominale per mesi alla quale è difficile trovare soluzione se non l'attesa paziente;

2. La seconda preoccupazione è il reinserimento personalizzato nell'attività fisica. Ognuna di noi è a sé, non solo per il parto ma per il proprio corpo, la propria testa, il proprio umore. Possono esserci donne che tornano a correre la maratona una settimana dopo la nascita del figlio, ma non sono la norma! E non vanno prese ad esempio neppure più di tanto. Inoltre, saranno sempre storie vere?

La scelta migliore sarebbe continuare con l'attività fisica che facevi prima della gravidanza, e che, magari, hai continuato durante la gestazione.

Un'idea in più, per ripartire gradualmente

Sebbene non sia molto d'accordo su attività che facciano bruciare calorie "a caso", senza ricostruire la massa magra, né su un allenamento casalingo, con troppe distrazioni e nessuno a supervisionarti, ecco alcune idee per diventare più attive, da quasi subito dopo il tuo ritorno a casa dall'ospedale:

- frequenta un corso di massaggio per neonati o una classe di yoga

per neomamme;
- acquista o affitta dei DVD o libri con routine d'allenamento da svolgere in casa e falle mentre il bebè dorme;
- sfrutta ogni momento per l'esercizio di Kegel;
- fai spazio e accendi lo stereo: balla! Ti svagherai e brucerai calorie.

Aerobica con il passeggino

Esci a fare lunghe passeggiate con il tuo bambino all'aperto o in un centro commerciale.

Ricorda:
- spalle abbassate: niente spalle portate alle orecchie come risultato di contratture e posture sbagliate;
- schiena in posizione neutra.

Ogni tanto contrai gli addominali, immaginando di tirare l'ombelico verso la colonna vertebrale.

Indicazioni per allenamenti all'aperto

Via libera a passeggini o marsupi se vai a camminare o a fare trekking. Se fai jogging o corsa, ti occorre un apposito passeggino da jogging, ma non usarlo prima dei sei mesi: non protegge correttamente lo scheletro di un bambino molto piccolo. Per lo stesso motivo, evita terreni molto accidentati almeno fino a quando il bambino avrà un anno.

Attenzione al traffico. Cammina dal lato corretto della strada, quello contromano per il pedone, oppure preferisci i marciapiedi. Vestiti con colori che siano visibili anche al crepuscolo. Attenzione sempre al bordo del percorso: con lo sguardo controlla se ci sono rami che sporgono, fronde o pericolosi insetti in volo. Evita di uscire se le condizioni meteorologiche non sono adatte. In caso di sole tieni abbassato il tettuccio del passeggino. Porta sempre con te il cellulare in caso tu abbia bisogno di aiuto.

Bonus: programma di esercizi con il tuo piccolo compagno d'allenamento

A casa

Non è obbligatorio lasciare il bambino a qualcuno e correre ad allenarsi fuori casa. Puoi svolgere molti esercizi tra le mura domestiche e insieme al bebè! Il tuo bambino si divertirà con te, soprattutto se metti della musica di sottofondo. Potrebbe pure addormentarsi sentendosi cullato.

Indicazioni per la ginnastica con il tuo bambino

Non tenerlo in un marsupio. Non usare manubri e bilancieri. Mai allentare la presa del bambino, soprattutto se l'esercizio prevede di sollevarlo da terra. Se tenere il bambino deve compromettere l'esecuzione dell'esercizio, sistema il bambino in un luogo sicuro da dove possa osservarti, oppure scarta del tutto l'esercizio.

Esercizio dell'asse (addome):

1. appoggia il bambino a terra su un materassino o un asciugamano;
2. assumi la posizione dell'asse: le mani ai lati del bambino e sotto le tue spalle, le braccia tese (ma senza bloccare i gomiti), le gambe diritte e in appoggio sulle punte dei piedi;
3. tieni il corpo sollevato da terra: unici punti di appoggio, le mani e le dita dei piedi, per quanto puoi, dai venti ai novanta secondi. Sorridi al tuo bambino e gioca facendogli delle smorfie;
4. quando non ce la fai più a mantenerti "in asse", appoggiati sulle ginocchia, bacia il bambino e riposa;

5. ripeti per più volte.

Crunch (addome):

1. Supina sul pavimento;
2. Sorreggi il bambino al di sopra del petto;
3. Stacca la parte superiore della schiena dal pavimento eseguendo il movimento di crunch, e solleva più in alto il bambino;
4. Ritorna con la schiena sul pavimento;
5. Ripeti per più volte.

Squat (gambe e glutei):

1. tieni il bambino fermamente con le mani sotto le sue ascelle. Puoi metterlo volto verso di te oppure di schiena;
2. distanzia i piedi alla larghezza delle spalle;
3. solleva il bambino in alto;
4. abbassalo, e contemporaneamente accucciati nella posizione di squat. Attenzione a non portare le cosce oltre la linea parallela al pavimento;
5. torna eretta, spingendo bene con l'intera pianta del piede, al limite enfatizzando sui talloni;
6. ripeti per più volte.

Curl (bicipiti):

1. in piedi, piedi distanziati alla larghezza dei fianchi;
2. tieni il bambino davanti a te, con i gomiti piegati a 45°, davanti all'addome;
3. sollevalo fino al petto muovendo solo gli avambracci;
4. ripeti per più volte.

Leg extension (cosce):

1. supina sul pavimento;
2. sorreggi il bambino seduto sulle gambe. Tieni le ginocchia piegate;
3. estendi le gambe continuando a tenere saldamente il bambino;
4. riabbassa lentamente le gambe;
5. ripeti per più volte.

Torsioni del busto (addominali obliqui):

1. in piedi, piedi distanziati alla larghezza dei fianchi;
2. tieni il bambino davanti a te, con i gomiti piegati a 45°, davanti all'addome;
3. ruota il busto a sinistra. Mantieni la posizione per un paio di secondi;

4. ruota il busto a destra. Mantieni la posizione per un paio di secondi;
5. ripeti per più volte.

Affondi (glutei e cosce):

1. in piedi, piedi distanziati alla larghezza dei fianchi;
2. tieni il bambino davanti a te, con i gomiti piegati a 45°, sull'addome;
3. porta avanti una gamba ed esegui l'affondo;
4. riporta indietro la gamba e torna eretta;
5. ripeti per più volte, prima da una parte poi dall'altra, oppure alternando le gambe.

In palestra

Personalmente sono contraria a portare o lasciare entrare i bambini in una palestra. Il luogo è pericoloso, e gli adulti che vi si allenano non potranno rilassarsi sapendo che c'è in giro un frugoletto vivace. Devo ammettere, però, che, come dicevo, l'ho fatto nei primi mesi di vita della mia bambina. La tenevo nell'ovetto oppure in braccio, con il marsupio, e camminavo sul tapis roulant.

Man mano che il bambino diventa grande, sveglio e curioso, devi rinunciare. Non sarà più possibile tenerlo confinato tra le tue braccia! Ci sono vari esercizi che puoi effettuare sorreggendo, bene, il bambino. Ottieni prima il permesso dell'istruttore e/o del proprietario della palestra. Ecco alcune idee:

Per gambe e glutei

A corpo libero:

- squat;
- affondi;
- step-up su gradino basso.

Con le macchine:

- leg extension;
- macchina per esterno coscia;
- macchina per interno coscia.

Per i muscoli addominali

Ogni tipo di crunch e sit-up, torsioni a corpo libero, inclinazioni laterali del busto, sollevamento ginocchia.

Per il torace
Piegamenti a terra, con il bambino adagiato sul materassino tra le tue braccia.

Per l'attività cardiovascolare
Cammina sul tapis roulant con il bambino dentro il marsupio, volto verso di te, oppure verso il display della macchina. Alcuni stepper ed elliptical trainer possono essere utilizzati, ma controlla bene, e soprattutto presta attenzione alle parti in movimento della macchina: che non sbattano contro il bambino!

Come tornare ad allenarsi – per sempre
Predisponi un programma personalizzato. Poniti come obiettivo almeno venti-trenta minuti per tre volte la settimana, a giorni alterni. Aumenta gradualmente il tempo d'allenamento, la difficoltà e le ripetizioni degli esercizi. Non essere negativa con te stessa. Non farti prendere dal panico o dalla fretta. Renditi conto che è una fase di transizione. Incanala positivamente le energie e inizia già a progettare come metterti in forma. Se continui ad allattare, il peso in più permane… perché l'allattamento richiede un ingrossamento della ghiandola mammaria, più fluidi in circolo

e uno stoccaggio energetico per la produzione del latte.

SEGRETO n. 35: le tappe della perdita del peso della gravidanza sono strettamente regolate dalla natura prima che dai tuoi sforzi di dieta e allenamento. Non essere negativa con te stessa. Non farti prendere dal panico o dalla fretta. Renditi conto che è una fase di transizione.

In generale, la prima metà del peso assunto in gravidanza è perso con il parto. Ad esempio, io avevo preso poco meno di 13 kg. La mattina dopo il pomeriggio in cui avevo partorito sono corsa dal reparto maternità a quello di ginecologia per cercare una bilancia. Volevo sapere quanto avevo perso. Ricordo che la mia compagna di camera ha esclamato: «Sei pazza? Io non voglio proprio saperlo! Non ci voglio pensare proprio al peso che ho in più.» Ero mossa da una grossa curiosità, definiamola più "scientifica" che professionale. Bene, ero passata da 75,5 kg a 68 kg e qualcosa. I conti tornano: con il parto avevo perso il 50%. Non ti nascondo che sul momento sono rimasta un po' delusa; ma sbagliavo. Se torni a leggere la tabella del Giorno 2, vedrai che non potrebbe essere diversamente; e l'aritmetica non è un'opinione.

Con il parto perdiamo il peso del bambino, mediamente tra 2,72 e 3,63 kg, il peso del liquido amniotico, circa 0,91 kg, e quello della placenta, circa altrettanto. Totale: 5-6 kg. Ti riporto la tabella, colorando di verde quanto si perde subito in sala parto:

Tabella

Cosa fa pesare di più in gravidanza?	
Riserve nella mamma di grassi, proteine e altri nutrienti	3,18 kg
Aumento dei liquidi corporei	1,8 kg
Aumento del sangue	1,36-1.81 kg
Crescita della mammella	0,45 - 0,91 kg
Ingrossamento dell'utero	0,91 kg
Liquido amniotico	0,91 kg
Placenta	0,68 kg
Bambino	2,72 - 3,63 kg
Totale	12,02 kg - 13,83 kg

Fonte: American College of Obstetricians and Gynecologists, www.acog.org

Rifletti su quanto rimane. In generale, a quattro mesi dal parto ti rimane addosso non solo il grasso in più, ipotizzando che sia un 25-40%, ma anche fluidi e tessuti magri connessi alla gravidanza e all'allattamento, in ragione di un 60-75% di quel sovrappeso che ti assilla. Ancora una volta la bilancia non ti fornisce informazioni utili, dicendoti solo che sei pesante e portandoti a pensare che sia dovuto al grasso *tout court*; e diventa fonte di frustrazioni inutili.

Ricorda che abbiamo detto fin dall'inizio che devi rispettare i tempi tranquilli della natura. Questo è un altro di quei casi: in dieci mesi la natura ha accumulato sui tuoi fianchi le scorte per fare fronte alla gravidanza, e le occorrerà quasi altrettanto tempo per capire che l'emergenza è finita e che quei cuscinetti possono essere svuotati.

Anche l'utero richiede del tempo per tornare alle sue dimensioni iniziali. Dotato di incredibile elasticità, in quaranta settimane si è ingrossato di mille volte: ma comunque non tornerà alle normali dimensioni, di un pugno, nel corso di una sola notte! Il primo segnale di "sblocco", anche se non necessariamente accompagnato da un calo di peso, è il *capoparto*, cioè la ripresa delle mestruazioni.

Questa ripresa è variabile, da pochi mesi dopo il parto fino anche a un anno. Nel frattempo avrai notato che, dopo le primissime settimane, la perdita di peso si è assestata e fastidiosamente inchiodata a non più di un mezzo chilogrammo settimanale. Va bene così. L'arrivo del capoparto permetterà al tuo corpo di riprendere una trasformazione più rapida. A questo punto, personalmente, mi trovavo a 67 kg, cioè 4-5 kg sopra il mio peso precedente la gravidanza, che era di 62,5 kg. Però allattavo. Se torni a fare un po' di calcoli con la tabella precedente, ti è chiaro che allattando permangono proprio circa 4-5 kg.

Seguivo però un'alimentazione molto controllata, e mangiavo tanto quanto sarebbe stato sufficiente per mantenermi, mentre con l'allattamento creavo un deficit di 500 calorie quotidiane: quindi era come se mi sottoponessi a uno schema ipocalorico inferiore di 500 calorie rispetto al mio fabbisogno. Entro il primo compleanno della mia bambina ero scesa a 60-61 kg, quindi meno del peso pre-gravidanza e avevo riacquistato un ottimo tono muscolare.

La mia scelta è stata di proseguire l'allattamento fino a diciotto mesi. Questo ha attinto alle mie riserve e, sbagliando a non aumentare la calorie, ho terminato ritrovandomi a 56 kg. Troppo poco per me, soprattutto per sentirmi bene. Uno sbaglio contro il quale ti metto in guardia. Avrei dovuto aumentare le calorie in misura di quelle 500 necessarie all'allattamento, appena fossi tornata al peso pre-gravidanza; così che lo avrei mantenuto. Non farti prendere dalla paura di non dimagrire finendo con l'essere eccessivamente magra. Io me ne sono pentita, ed è uno sbaglio che ti vorrei risparmiare. La seconda buona parte di chilogrammi se ne va terminando l'allattamento. Il corpo, attraverso il cervello e gli ormoni prodotti, riceve il segnale biologico finale che "tutto è passato" e che le scorte di grasso non sono più essenziali al progetto di riproduzione in corso. Sarà la liberazione dalla ritenzione idrica, e ti sbarazzerai ancora di diversi chilogrammi di peso superfluo.

Nel mio caso personale il termine dell'allattamento ha segnato l'inizio della "risalita atletica": non avendo più il deficit cronico, al quale io non avevo rimediato alzando le calorie, mea culpa, sono lentamente tornata, e ci sono voluti almeno sei mesi, vicina a 61 kg, con una spiccata tonificazione muscolare e una percentuale di grasso corporeo poco maggiore del 15%, dove, solitamente, per una donna che fa fitness l'ideale è 17%.

SEGRETO n. 36: non farti prendere dalla paura di non dimagrire dopo il parto e nel corso dell'allattamento, finendo con l'essere eccessivamente magra, perché non tieni conto del deficit calorico che l'allattamento stesso comporta.

L'importanza di allenare ogni parte del corpo

Se alleni solo "quello che piace a te", o se il tuo programma è male impostato, puoi finire con uno squilibrio muscolare. Già la gravidanza ha lasciato il corpo con un allineamento posturale scombinato, un indebolimento della parete addominale e i legamenti molto allentati. Adesso l'allattamento e il tenere in braccio il bambino per molte ore ti porterà a questo problema: evita di aggravarlo direttamente. Anzi, adesso è molto più importante che l'allenamento ristabilisca eventuali equilibri di forza, perché, diversamente, a lungo andare potrai rischiare infortuni da stress cronico, spasmi muscolari, dolori tipo la maggioranza delle lombalgie e sciatalgie.

SEGRETO n. 37: dopo la gravidanza, e gli squilibri posturali che lascia, è particolarmente importante allenare con giudizio e in maniera armonica tutti i muscoli del corpo.

Perché devi allenare il torace e come fare

Dopo la gravidanza i muscoli del torace sono contratti e affaticati: devono sorreggere mammelle più pesanti, sono tesi nei momenti dell'allattamento e per tenere in braccio e cullare il bambino. Il petto si chiude, le spalle ruotano all'interno e la testa slitta in avanti. Molte mamme hanno dolori alla schiena, alle spalle e al collo, in particolare la cervicale. È importante ristabilire l'equilibrio tonificando i dorsali, decontraendo i pettorali e rinforzando le spalle.

Bonus: i migliori esercizi per il torace

Alzate a 90°

Esercizio per il capo posteriore del muscolo deltoide (spalla). Tenere le gambe semiflesse e il busto pressoché parallelo al terreno; impugnare due manubri davanti ai piedi con presa prona; alzare la braccia, leggermente flesse, cercando di mandare i gomiti in avanti e più in alto possibile; riabbassare lentamente.

Alzate frontali

In piedi; impugnare i manubri mantenendoli in fase di partenza davanti alle cosce, con le palme verso le cosce stesse; sollevare contemporaneamente i manubri in avanti portando le braccia, leggermente flesse, all'altezza degli occhi; ridiscendere.

Alzate laterali con manubri

In piedi; impugnare i manubri mantenendoli in fase di partenza aderenti ai fianchi, o davanti al bacino, con le palme una di fronte all'altra; portare le braccia, leggermente flesse, all'altezza degli occhi; ridiscendere. Durante il movimento l'angolo fra braccio e avambraccio non deve cambiare; la mano è con il palmo verso il basso.

Croci su panca alta con manubri

Supine su una panca con lo schienale inclinato impugnare due manubri; partenza con le braccia semiflesse; aprire verso l'esterno i manubri tracciando un semicerchio e facendo fulcro solo sulla spalla.

Croci su panca piana con manubri

Supine su una panca piana impugnare due manubri; partenza con le braccia semiflesse; aprire verso l'esterno i manubri tracciando un semicerchio e facendo fulcro solo sulla spalla. Durante tutto il movimento i manubri devono rimanere l'uno di fronte all'altro.

Distensioni su panca piana con bilanciere

È l'esercizio fondamentale dei pettorali; sdraiarsi su un panca e afferrare il bilanciere con una presa prona, poco più larga delle spalle; sollevarlo e scendere lentamente portandolo al petto. Tenere i gomiti più indietro possibile e verificare che la linea delle braccia formi con il corpo un angolo di 90°. Riportarsi nella posizione iniziale; inspirare nella fase discendente; espirare nella fase ascendente. Una presa larga interessa l'esterno del muscolo, una stretta l'interno.

Distensioni su panca piana con manubri

Come per l'esercizio precedente, ma con manubri invece che con il bilanciere.

Pectoral machine

Esercizio per i pettorali adatto per una principiante in quanto l'adduzione delle braccia è assistita dal macchinario; è importante però eseguire questo movimento sforzandosi di non scaricare sulle mani ma sull'omero. Questo è uno dei motivi per il quale spesso l'esercizio viene fatto fare a braccia aperte.

Lat machine

Sedersi alla macchina e afferrare l'asta con le palme delle mani volte in basso; se fossero volte in alto, da sotto l'asta in su, allora si tratterebbe di **lat pulldown inversa**. Effettuare una trazione portando l'asta al petto senza inclinare il busto indietro per più di 15-20° (lat machine avanti) oppure dietro la nuca (lat machine dietro). L'impugnatura è prona o "falsa", cioè con il pollice tenuto indietro per affaticare meno gli avambracci.

Perché devi allenare le braccia e come fare

Dovrai sollevare e tenere il bambino in braccio a lungo. Per questo è importante tonificare bicipiti e tricipiti.

Bonus: i migliori esercizi per le braccia

Curl con manubri

Partire a busto eretto impugnando due manubri con una presa a martello. Effettuare una flessione delle braccia alternando un braccio alla volta; compiere una pronazione appena il manubrio esce dalla linea della coscia; finire la flessione con il palmo rivolto verso l'alto. L'impugnatura a martello sposta il lavoro sulla parte centrale del braccio, precisamente sul muscolo brachiale.

Curl con manubri, alternati, da sedute

Sedersi su una panca inclinata a 30-40°; partire con braccia perpendicolari al pavimento; effettuare la flessione delle braccia in contemporanea, cercando di coinvolgere il meno possibile il deltoide anteriore; nella parte finale del movimento ruotare il polso, cosicché il palmo si trovi volto in fuori.

French press

Sedute su una panca, impugnare un manubrio con presa a martello; partire con il braccio da allenare disteso in alto sopra la testa; tenere l'omero fermo e portare il manubrio il più possibile dietro la nuca.

Hammer curl

Si tratta di un curl con impugnatura dei manubri a martello. Esercizio per i bicipiti e gli avambracci. Esecuzione: come il curl con manubri, ma tenendo le palme delle mani volte verso il corpo.

Perché devi allenare la bassa schiena e come fare

In ogni attività quotidiana connessa con il tuo bambino impegnerai molto la bassa schiena. Al momento questa muscolatura si trova in squilibrio funzionale, perché non ha il totale supporto dei muscoli addominali. Occorre mirare a un lavoro di "allenamento del core" ossia della fascia addome-bassa schiena nella loro unità funzionale.

Bonus: i migliori esercizi per la bassa schiena

Iperestensioni

Sali sulla panca posizionandoti con il bacino al limite esterno, in modo tale che la cerniera lombo-sacrale risulti libera; metti le mani incrociate sul petto o dietro la nuca; fletti il busto in avanti, quindi torna alla posizione iniziale senza inarcare la schiena. Sbagli da evitare: inarcare la schiena.

Programmi d'allenamento specifici: come tornare ad avere, o avere per la prima volta, un addome piattissimo

Ripassiamo un po' l'anatomia degli addominali scoprendo che:

- il **muscolo retto dell'addome** ha origine nel pube, si inserisce su sterno e costole. Azione: flette la colonna lombare e sostiene l'addome;
- il **muscolo obliquo esterno dell'addome** ha origine dalle ultime otto costole sulle cartilagini costali; si inserisce sulla cresta dell'ileo e sulla linea alba attraverso la fascia del muscolo retto. Azione: flette e ruota la colonna vertebrale, comprime i visceri pelvici;
- il **muscolo obliquo interno dell'addome** ha origine dalla fascia toracolombare, cresta iliaca, legamento inguinale; si inserisce sulle ultime tre o quattro cartilagini costali, sulla linea alba e sul tendine congiunto. Azione: flette e ruota la colonna vertebrale, comprime i visceri pelvici;

il **muscolo trasverso dell'addome** ha origine dalle ultime sei cartilagini costali, dalla fascia toracolombare, dalla cresta iliaca e dal legamento inguinale; si inserisce sulla linea alba attraverso la fascia del muscolo retto e il tendine congiunto. Azione: comprime i visceri addominali.

I muscoli della parete addominale sono l'unica cosa che protegge anteriormente, comprimendo e contenendo il contenuto preziosissimo della cavità addominale: fegato, stomaco, milza, pancreas e reni, vescica, retto e nelle donne utero e ovaie. Posteriormente abbiamo, di nuovo, solo i muscoli e la colonna vertebrale a proteggere il contenuto della cavità addominale.

Capisci quindi come sia importante prendere sul serio la tonicità e il benessere di questi muscoli: addominali forti aiutano la bassa schiena a sorreggere il tronco, assicurando parte della stabilità vertebrale, e servono da parziale prevenzione ai traumi nella regione lombare. Questo tanto durante la gravidanza quanto in situazione normale.

D'altra parte, il fatto che questi delicatissimi organi siano contenuti solo da tessuti, anche il peritoneo, il tessuto muscolare, l'adipe, la cute, spiega come mai questa zona del corpo sia soggetta e renda possibili notevoli cambiamenti di volume... di nuovo la tonicità dei muscoli è importante per la salute, prima che per l'estetica. Non entrare nel panico se non riesci a eseguire subito dopo il parto gli esercizi addominali, oppure se avverti come "un buco" o un "nastro" dal pube allo sterno passando per l'ombelico. Il tessuto connettivo dell'addome rimane lasso dopo il parto ancora per un po'. Possono volerci anche sei mesi: poi riacquisterà la sua elasticità e tono.

Quando e quanto spesso allenarli

Se gli addominali sono davvero un tuo problema e sei determinata a "stenderli" una volta per tutte, non correre il rischio di dimenticarli e attaccali subito all'inizio della tua sessione in palestra. La frequenza d'allenamento può essere portata anche ad ogni sessione: quindi dalle tre-quattro volte come minimo fino a cinque-sei volte. Sembra che una volta "costruiti" si possano mantenere con una frequenza più bassa, ma non adagiarti sugli allori, perché quei sei tasselli sono un bene piuttosto effimero!

Bonus: i migliori esercizi per gli addominali

Se c'è un settore in cui la biomeccanica degli esercizi ha fatto passi da gigante è proprio per questo gruppo muscolare: oggi si sa che quegli esercizi per gli addominali a gambe tese torcevano la colonna vertebrale, e, basandosi per lo più sulla flessione dell'anca coinvolgevano l'ileo-psoas: con il risultato che non solo non isolavano i muscoli dell'addome ma potevano, nei casi estremi, alterare l'allineamento delle vertebre della parte inferiore del torace e di quelle lombari.

Gli sbagli fatti nell'allenamento per gli addominali derivano tutti dall'errata e inconscia convinzione che essi non siano muscoli come tutti gli altri:

- si pensa che vadano allenati con poco peso e un numero ossessivamente alto di ripetizioni, trascurando la natura delle fibre di cui sono costituiti e il fatto che intervengono e si affaticano già in molti altri esercizi, non ultimo lo squat, e nel mantenimento della postura;
- si pensa che *qualsiasi* forma di esecuzione vada bene;
- si pensa che *non* vadano allenati con il "principio del sovraccarico progressivo". Io ho personalmente notato che se

non li alleno con un sovrappeso tendono ad "appiattirsi" e a perdere visibilità, perfino se ho una plica di grasso cutaneo molto piccola. Gli addominali sono muscoli: quindi rispondono all'allenamento con sovraccarico come tutti i muscoli.

- non si cura la frequenza, l'intensità e la periodizzazione dell'allenamento. Infatti, a differenza di altri gruppi muscolari, gli addominali si ossigenano velocemente: ciò significa che possono e devono essere allenati spesso e con brevi recuperi;
- non si allenano mantenendo costante la tensione muscolare ma si procede rimbalzando o dandosi lo slancio con la bassa schiena e/o le braccia.

Crunch standard o fondamentale

Interessa la sezione superiore del muscolo retto addominale. Supina sul pavimento, con le gambe distanziate, le ginocchia piegate, i piedi in totale appoggio. Tieni le braccia tra le gambe e il mento staccato dal petto. Solleva la testa, le scapole e la parte alta della schiena quanto più possibile dal pavimento, sfiorando le ginocchia con le mani come se cercassi di toccare le punte dei piedi. Riabbassa la schiena nella posizione iniziale, mantenendo in contrazione gli addominali e fermandoti poco prima che si rilassino.

ATTENZIONE

Nei crunch guarda un punto del soffitto e non le gambe per evitare di spingere in avanti il collo e avere dolori alla cervicale. Esegui l'esercizio distesa su un materassino; perché? Prova senza… sentito quel fastidio a metà schiena? Sono le vertebre toraciche che vengono a contatto con il pavimento durante il *peak* di ogni ripetizione (cioè ad ogni contrazione).

Crunch standard con peso

Io preferisco rendere più difficile il crunch con un manubrio appoggiato sul petto e sorretto da entrambe le mani. È possibile anche tenere un disco dietro al collo, ma potresti comprimere inavvertitamente le vertebre cervicali. Per evitare che il manubrio appoggiato nel punto giusto ti schiacci il seno, metti sotto un asciugamano o una felpa ripiegati, tipo cuscino.

I miei crunch sono quasi sempre crunch a "z", cioè le ginocchia flesse e i piedi non appoggiati al pavimento: li si può appoggiare su una panca, facendo attenzione che i glutei siano pur sempre a contatto del pavimento. Quando sono particolarmente stanca li lascio giù e trovo che l'esercizio sia altrettanto efficace.

Crunch al pulley alto (di una lat machine o di una delle due pulegge alte dei cavi incrociati)

Presenta la possibile variante di eseguire una torsione ad ogni ripetizione: spalla destra verso il ginocchio sinistro, alla ripetizione seguente il contrario, e via di seguito. Si possono ottenere numerose varianti "giocando" sulle seguenti variabili A e B:

A) Posizione delle gambe:

1. in ginocchio: per comodità usa una qualche imbottitura sotto le ginocchia, es. un materassino o un asciugamano arrotolato. Il grado tra le cosce e le gambe mentre sei inginocchiata sarà minore o uguale a 90°:
   - di faccia al pulley;
   - con le spalle al pulley;
   - seduta sui talloni.
2. in piedi:
   - di faccia al pulley;
   - con le spalle al pulley.

3. in ginocchio su una pedana (es. uno step).

B) Accessori:

- fune. La fune può consistere in un asciugamano arrotolato o cordone dell'accappatoio con presa parallela: la fune permette di portare la fune ai lati della testa e arretrare ancora indietro con i gomiti in modo da coinvolgere anche il gran serrato;
- barra diritta, con presa supinata per ridurre la tensione sui gomiti;
- barra a V rovesciata, con presa quasi parallela.

ATTENZIONE:

1) non lasciarti mai portare su a sbalzi dal contrappeso;
2) evita le prese che danno fastidio ai gomiti;
3) mantieni la giusta distanza dalla macchina, altrimenti quando ti fletti in avanti, nell'esecuzione di faccia al pulley, puoi picchiare la testa contro la pila dei contrappesi.

Crunch inverso

Supina su una panca piana, schiena appiattita, gambe flesse a 90° con i piedi sollevati da terra e ferma in questa posizione, cerca di portare il bacino verso i pettorali per contrarre bene il retto addominale, che in questo esercizio sembra essere coinvolto maggiormente nella sua porzione inferiore. Solleva le cosce portandole quasi perpendicolari al corpo, avendo cura di muovere il meno possibile l'articolazione del ginocchio; compi delle oscillazioni evitando di scendere più giù del bacino: la schiena infatti non deve inarcarsi. Esegui tre o quattro serie da quindici-venti ripetizioni senza sovraccarico.

Una variante per il crunch inverso con sovrappeso potrebbe essere questa: agganciati con le cavigliere a un cavo basso e seleziona con il perno il carico dalla pila di contrappesi (5-10 kg). Distesa su un materassino, reggiti dietro la testa alla base di una panca ed esegui l'esercizio come sopra.

Hip thrusts (spinte del bacino)

Sdraiata su una panca piana, gambe a 90° rispetto al tronco, spingile in alto isolando nella spinta i muscoli dell'addome. Si solleva solo la bassa schiena. Se sei a un livello avanzato, puoi aggiungere un sovraccarico reggendo tra i piedi un manubrio: posizionalo come fai per reggere tra le mani il manubrio nel french press a due braccia solo che qui il manubrio è tenuto fermo dalle piante dei piedi. Esegui tre serie da quindici-venti ripetizioni.

ATTENZIONE

Durante l'esecuzione fai particolare attenzione che il manubrio non ti sfugga dai piedi perché ti finirebbe sul volto. Prima di posarlo, riabbassa le gambe ripiegandole lentamente e fai attenzione a non procurarti uno strappo. Eventualmente fattelo togliere da una compagna d'allenamento.

Flessioni laterali del busto con manubrio (in piedi)

Per finire, un semplice esercizio. Anche qui un pochino di sovraccarico, un'unica serie per un numero elevato di ripetizioni. È un esercizio da prendere *con cautela*: ipertrofizzando gli obliqui finirai per dare l'idea di una vita più grossa: bisogna quindi utilizzarlo quel tanto che basta per istoriare i tuoi addominali, dando agli obliqui un leggero rilievo. Tre serie da quindici-venti ripetizioni.

Torsioni laterali del busto a cavalcioni di una panca

Usale con cautela, perché circola il sospetto che la colonna vertebrale non gradisca molto questo tipo di torsione, che può causare danni permanenti, artriti traumatiche e danneggiare l'area lombare. Puoi aggiungerle saltuariamente, "torcendoti" non oltre i 35°, non appoggiando il bastone sul collo ma più in basso, tra le spalle, e non aspettandoti che da solo serva a ridurre magicamente le maniglie dell'amore. Il bastone non deve mai essere un bilanciere.

Stretching

L'allungamento degli addominali è il movimento più istintivo e semplice tra tutti quelli dello stretching: da distesa, supina, allungati portando le braccia indietro oltre la testa. Non sembra granché se lo esegui "a freddo"; ma fallo tra una ripetizione e l'altra del crunch con sovraccarico, e la sensazione di gradevole stiracchiamento ti confermerà l'efficacia sia dell'esercizio con i pesi che di questo esercizio di stretching.

L'attacco totale

Nel caso della pancia, come per la cellulite, la strategia deve essere su tutti i fronti... Ma quali sono i nemici della "pancia in dentro"? Vediamoli:

- il grasso che lo ricopre è la causa più naturale dell'aumento dell'addome: per avere gli addominali in bella mostra è importante seguire un'alimentazione adatta al tuo metabolismo e fabbisogno calorico;
- i paramorfismi o dismorfismi della colonna vertebrale. Mentre nel secondo caso il discorso va affidato a uno specialista, nel primo, quando cioè si tratta di semplici abitudini e di atteggiamenti, basta che riacquisti consciamente la posizione giusta per vedere "rientrare" almeno un paio di centimetri di pancia;
- la pancia gonfia, o, meglio, un aumento del volume dell'addome, può essere dovuto alla presenza di gas nello stomaco o nell'intestino causato da bevande, intolleranze alimentari, fermentazioni di cibi, dall'abitudine di parlare mentre mangi o da una masticazione scorretta, che ti fanno deglutire troppa aria assieme agli alimenti. Chiedi al tuo farmacista o erborista di fiducia se è il caso di prendere del carbone vegetale o delle compresse a base di simeticone;
- la parte inferiore può aumentare a causa sindrome premestruale, cioè della ritenzione temporanea di liquidi nei giorni precedenti

le mestruazioni. E talvolta anche una stitichezza persistente provoca un gonfiore dell'addome. In definitiva queste due cose possono nascondere del tutto i tuoi addominali. Non perdere la calma: è una cosa diversa, meno grave e spesso transitoria in confronto a quando gli addominali spariscono sotto il grasso. Ricordati poi che la soluzione di questi problemi deve essere proporzionata: non rischiare assolutamente con i pericolosi diuretici e non cadere nell'abuso di lassativi. Lasciati consigliare dal tuo medico o dal tuo farmacista un blando rimedio naturale. Per la stitichezza rivedi il tuo piano alimentare: è ricco di fibre? Bevi a sufficienza?

- in alcune donne la gravidanza causa una notevole separazione della fascia sinistra e destra del retto addominale. La linea di tessuto fibroso che scorre al centro, dal pube allo sterno passando per l'ombelico, si chiama "linea alba". Quando l'utero ingrossa e spinge contro un tessuto connettivo ammorbidito dall'azione degli ormoni, la linea alba si allarga e la parete addominale risulta meno forte.

Chi è a rischio di diastasi del retto:

- le donne con gravidanza gemellare;

- le donne di costituzione molto minuta;
- le donne con scarso tono addominale. Capisci ancora una volta perché è importante allenarsi prima della gravidanza?

Test per capire se si tratta di diastasi del retto:

1. supina a terra, con le ginocchia piegate, i piedi sul pavimento;
2. appoggia una mano dietro la testa, l'altra sull'addome con le dita sulla linea alba a pochi centimetri dall'ombelico;
3. solleva il torace portandolo verso il bacino nel tipico movimento di crunch. Mantieni questa posizione;
4. sposta le dita da destra a sinistra della linea alba per valutarne la larghezza:
    - una separazione di una-due dita è comune e normale dopo molte gravidanze;
    - una separazione di oltre due dita e con una piccola protuberanza: probabilmente hai una diastasi del retto.

Non temere: è falso che la diastasi del retto causi un danno permanente e che richieda un intervento chirurgico.

Indicazioni in caso di diastasi del retto:

Attenzione a sollevare oggetti pesanti e a tossire senza sostenere l'addome. Non tirarti su da sdraiata con una rotazione del busto. Prima rotola su un fianco, poi mettit seduta usando la forza delle braccia. Evita movimenti in cui effettui una torsione del torace e tiri indietro il braccio: l'esempio tipico è il "servizio" del tennis.

Esercizi da evitare in caso di diastasi del retto:

- esercizi supina su swiss ball;
- crunch;
- crunch con torsione per gli obliqui.

Programmi d'allenamento specifici: come tornare ad avere o avere per la prima volta glutei e gambe ricche di tono e di sex appeal

Ogni donna è motivata al massimo a migliorare le proprie gambe sbarazzandosi di cellulite, ritenzione idrica e grasso. Il compito non è facile e questo programma d'allenamento è di livello intermedio-avanzato, non è adatto per una principiante. La tabella seguente è costruita per massimizzare la linea di glutei e gambe asciugando queste parti del corpo femminile da gran parte del grasso superfluo. Garantito. Devo dare credito al Maestro CONI-Csen Marco Venturi, che mi prospettò questa tabella nel lontano

1992 e che mi ha aiutato in tutti questi anni a modellare al meglio le mie gambe.

SCHEMA:

Dopo le tre settimane, puoi ricominciare da capo per altre tre. Le spiegazioni dei simboli sono le seguenti:

LS - Gambe
Pressa quattro x quindici
Affondi quattro x dieci
Leg curl quattro x venti
Leg extension tre x venti
Squat quattro x venti

T1 – Allenamento 1: Pettorali/Bicipiti/Tricipiti/Addominali
Pectoral machine quattro x dodici
Croci su panca inclinata quattro x dieci
Distensioni su panca inclinata quattro x otto
Pullover due x dodici
Curl con manubri quattro x dieci
Pushdown sei x dodici
Crunch quattro x quindici

Crunch inverso quattro x quindici

T2 – Allenamento 2: Deltoidi/Dorsali/Addominali
Distensioni con manubri sopra la testa quattro x otto
Alzate laterali quattro x dieci
Alzate laterali a 90° quattro x dodici
Pulley quattro x dieci
Lat machine quattro x dieci
Rematore con bilanciere quattro x otto
Iperestensioni tre x quindici
Crunch quattro x quindici
Crunch inverso quattro x quindici

Indicazioni:
Riscaldati sempre prima dell'allenamento;
Esegui gli esercizi correttamente;
I recuperi tra una serie e l'altra sono minimi per gli esercizi delle gambe: circa cinquanta-sessanta secondi, e più lunghi per quelli di braccia e torace: novanta secondi.

Schema con l'aggiunta dell'attività cardiovascolare (cardio)

Il livello superiore di questo programma, consiste nell'aggiunta dell'attività cardiovascolare ed è utile nel caso tu abbia molto grasso intorno a natiche e gambe. Non è un programma magico e richiede molto impegno e capacità organizzative del tuo tempo. Infatti qui sale il livello di difficoltà e impegno, oltre al numero di giornate da dedicare agli allenamenti. È importante che tu lo svolga in una palestra adatta e sotto la supervisione di un istruttore qualificato o di un personal trainer.

Settimana		**Lun**	**Mar**	**Merc**	**Gio**	**Ven**	**Sab**	**Dom**
1	**Cardio**	30 minuti	30 minuti	30 minuti	30 + 30 minuti	30 minuti	30 minuti	30 + 30 minuti
	Body building	LS + T2	T1	LS	OFF	T2	LS + T1	OFF
2	**Cardio**	Corsa all'aperto	30 minuti	Corsa all'aperto	30 + 30 minuti	30 minuti	Corsa all'aperto	30 + 30 minuti
	Body building	LS	T1 + T2	LS	OFF	T1 + T2	LS	OFF
3	**Cardio**	Corsa all'aperto	30 minuti	30 minuti	30 + 30 minuti	30 minuti	Corsa all'aperto	30 + 30 minuti
	Body building:	LS + T1	LS + T2	LS + T1	OFF	LS + T2	LS	OFF

Come svolgere il cardio

Trenta minuti

Scegli tra le seguenti macchine cardiofitness: tapis roulant, camminata veloce su tapis roulant inclinato, simulatore di scalini, cyclette, cyclette orizzontale.

Trenta + trenta minuti

In questi giorni devi effettuare due volte il cardio. Saranno due sessioni, separate da almeno otto ore. Per esempio, la prima di mattina, magari una camminata con il tuo bambino all'aperto, e l'altra in palestra, la sera, con le macchine cardiofitness.

Corsa all'aperto

Corri per 200-300 metri all'80% della frequenza cardiaca massima, poi fai 100 metri camminando per recuperare. Ripeti cinque volte. Se sei a un livello avanzato di allenamento e desideri migliorare soprattutto i glutei, corri in salita per uno-due minuti, facendo scatti di velocità, e poi cammina in discesa per cinque minuti. Ripeti da cinque a venti volte.

I principali esercizi per gli arti inferiori

Affondi con bilanciere o con manubri

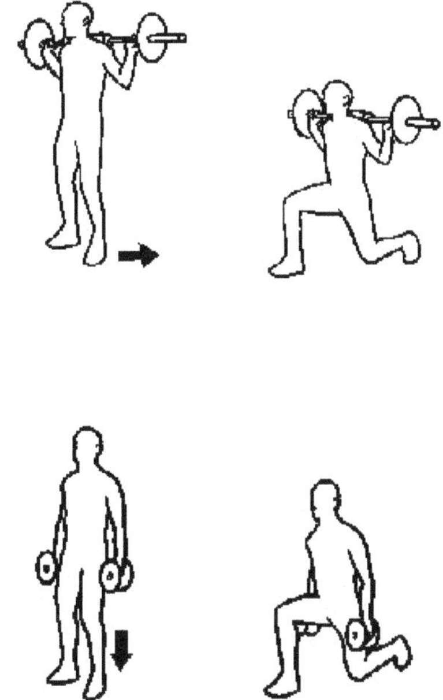

In piedi, posiziona il bilanciere sulle spalle o impugna i manubri. Porta avanti un piede, piegando la gamba e lasciando diritta, o anche piegando la gamba che rimane dietro. Riporta la gamba nella posizione di partenza e ripeti con l'altra.

Calf o calf da seduto o calf raises

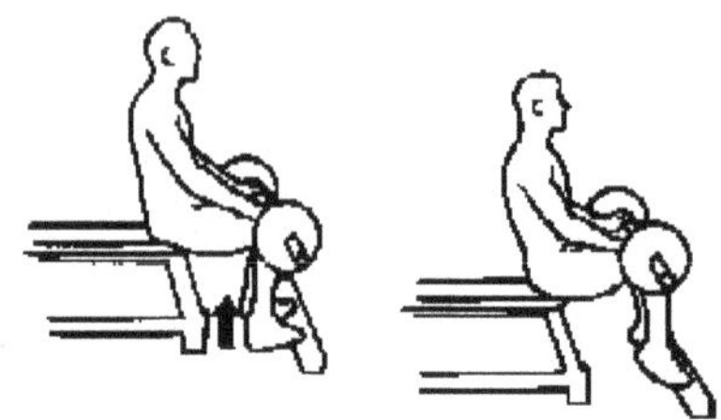

Posizionati sul sedile del macchinario; regola gli appositi rulli di spinta secondo la lunghezza delle gambe; aziona la leva di precarico e rilasciala; inizia il movimento effettuando la massima escursione articolare: più possibile sulle punte, più possibile i talloni in basso nella fase successiva. Muscoli principali utilizzati:

soleo.

Leg extension

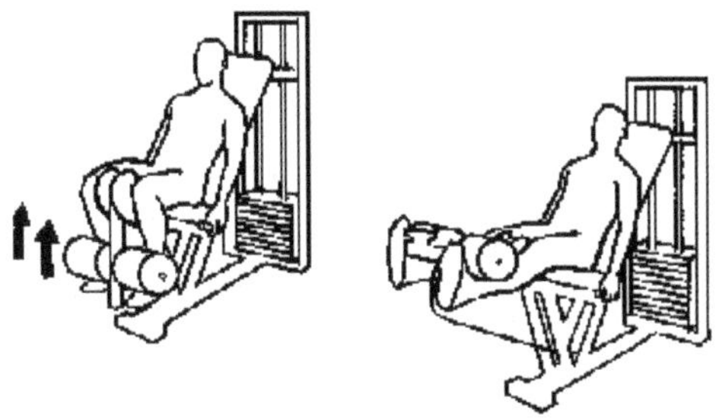

Posizionati sul sedile del macchinario inserendo i piedi dietro i rulli; effettua l'estensione. Muscoli principali utilizzati: quadricipite.

Macchina per interno coscia

Siediti sulla macchina disponendo le gambe sugli appositi sostegni; esegui un'adduzione portando le due braccia mobili a contatto; cerca di spingere con l'interno della gamba e non con le caviglie. Muscoli principali utilizzati: adduttori.

Macchina per esterno coscia

Esercizio perfettamente simile al precedente, con la sola differenza che la fase eccentrica attiva del lavoro si esplica spingendo le due braccia mobili del macchinario all'esterno. Muscoli principali utilizzati: abduttori.

Pressa

Pressa a 45°

Pressa orizzontale

Pressa piedi alti/larghi

Posizionati in appoggio sullo schienale della macchina, la cui slitta può scorrere orizzontalmente al pavimento o su binari inclinati a 45°; disponi i piedi nella zona mediana della pedana di spinta, con le punte leggermente divaricate; durante il piegamento fai seguire alle ginocchia lo stesso angolo dato alle punte dei piedi. Muscoli principali utilizzati: quadricipite, ischiocrurali, adduttore dell'anca, grande gluteo, gastrocnemio, soleo.

Salita gradino o step-up

Tenendo dei pesi in mano, oppure a corpo libero, sali sullo scalino con un piede, spostando tutto il peso del corpo sulla gamba corrispondente. Esegui il movimento di salita lentamente. Porta sullo scalino anche l'altro piede. Ridiscendi sempre lentamente, portando indietro per primo il piede con cui hai iniziato la salita. Ripeti per il numero di ripetizioni indicato.

Slanci per glutei

Posizionati carponi, mani e ginocchia appoggiate a terra;

espirando, distendi il ginocchio mantenendo la gamba in leggera flessione; non inarcare la zona lombare, ripeti per il numero di ripetizioni e cambia lato.

Squat a vuoto

È un esercizio fondamentale, in quanto viene coinvolta tutta la gamba, e non solo. Aumenta il metabolismo e la funzione cardiorespiratoria, e per questo viene considerato il re degli esercizi. Appoggia il bilanciere sul trapezio e staccalo dagli appositi sostegni; posiziona i piedi distanti l'uno dall'altro circa 40-60 cm. Mantenendo la schiena diritta e la testa alta, inizia il piegamento e arriva almeno con la coscia parallela al pavimento; risali lentamente evitando di raddrizzare totalmente le ginocchia.

È preferibile effettuare questo esercizio con una accosciata completa, coinvolgendo così anche il gluteo e i muscoli posteriori della gamba. Spesso si ha difficoltà a mantenere i piedi a terra: in questo caso, controlla, se il bacino riesce a ruotare bene durante la discesa, o verifica se esista poca flessibilità articolare a livello delle caviglie. Nel caso colloca una zeppa di 3-5 cm sotto i talloni.

Cambiare la distanza e la posizione dei piedi, così come la profondità di discesa, cambia i risultati dell'esercizio. I piedi distanti e le punte in fuori concentrano di più l'esercizio sulla parte interna della gamba; viceversa, i piedi vicini e le punte leggermente all'interno indirizzano il lavoro sull'esterno. Muscoli principali utilizzati: quadricipite, ischiocrurali, grande gluteo, adduttore dell'anca, gastrocnemio, soleo.

Bonus: programma d'allenamento per gambe e glutei contro la cellulite

Il suggerimento è attaccare la cellulite su molti fronti, tanti quanti sono le sue cause. Non potrai fare niente per le cause primarie come il sesso, la razza o la familiarità; però potrai controllare parzialmente quelle secondarie, quali variazioni ormonali dovute ad alcune fasi della vita, tra cui la gravidanza stessa, patologie particolari o assunzione di farmaci tipo la pillola anticoncezionale, e sentirti soddisfatta spazzando via di tua iniziativa quelle aggravanti:

- cattiva alimentazione. Adotta una dieta equilibrata e, in caso, i migliori integratori;
- sedentarietà. Adotta una valida combinazione di aerobica ed

esercizi di tonificazione con i pesi, come la tabella d'allenamento più avanti;

- tossine. Depurati e smaltiscile bevendo molta acqua, attivando il sistema linfatico con linfodrenaggi o dieci-venti minuti due-tre volte la settimana di *rebounder*, ossia salti su mini-trampolino elastico.

Livello di difficoltà

Se sei principiante, è opportuno che tu segua per almeno quattro-sei mesi un circuito di preparazione. Vedi la scheda a circuito.

Attrezzatura richiesta

Questa scheda richiede l'attrezzatura di una palestra e la supervisione di un istruttore o di un personal trainer qualificati. Non può essere eseguita a casa o a corpo libero. Fatti spiegare gli esercizi ed eventualmente, se non fosse disponibile l'attrezzatura per alcuni di essi, le varianti. Allenati tre volte la settimana, utilizzando ogni volta uno degli schemi sotto. L'allenamento A cerca di normalizzare la situazione di ristagno agli arti inferiori data dalla cellulite; l'allenamento B tonifica il torace migliorando le proporzioni e l'aspetto complessivo; l'allenamento C è specifico per il problema della cellulite agli arti inferiori.

Sono sempre circuiti: esegui quindi dodici-quindici ripetizioni per ogni esercizio, due-tre giri. Inizia sempre con un riscaldamento di dieci minuti camminando su tapis roulant. Termina con stretching, facoltativo ma consigliato, per tutto il corpo.

Allenamento A

Calf
Leg curl
Macchina per esterno coscia
Macchina per interno coscia
Slanci per glutei
Leg extension
Salita gradino

Allenamento B

Rowing orizzontale
Lat machine
Pectoral machine
Chest press

Alzate laterali con manubri
Pushdown prono/supinato

Allenamento C

Per due giri esegui questo circuito:
Leg curl
Macchina per interno coscia
Pressa piedi alti/larghi
Macchina per esterno coscia
Slanci per glutei
Contrazione glutei (ponte)

Per il terzo e ultimo giro il circuito diventa così:

Camminata su tapis roulant per cinque minuti
Leg curl
Macchina per interno coscia
Camminata su tapis roulant per cinque minuti
Pressa piedi alti/larghi
Macchina per esterno coscia
Camminata su tapis roulant per cinque minuti
Slanci per glutei
Contrazione glutei (ponte)

Camminata su tapis roulant per cinque minuti

Evita la cyclette, che blocca a livello dell’inguine il ritorno venoso peggiorando la situazione cellulitica.

RIEPILOGO DEL GIORNO 6:

- SEGRETO n. 30: dopo il parto comincia, o ricomincia, l'attività fisica con gradualità. Riprendi l'attività fisica lentamente, rispettando il corpo e i suoi limiti attuali.
- SEGRETO n. 31: l'attività fisica, a meno che non sia estremamente intensa, non interferiscc con la capacità di allattare. Inoltre non ha effetto sul latte stesso.
- SEGRETO n. 32: a cominciare dalla nascita del tuo bambino, stabilisci obiettivi realistici e facili, ascoltando i tuoi desideri. Scegli un'attività fisica in base a capacità e gusti personali. In questo momento più che mai!
- SEGRETO n. 33: ritagliati almeno mezz'ora al giorno per la tua cura personale.
- SEGRETO n. 34: non pensare che basti allattare tout court per perdere peso, pur buttandoti a mangiare di tutto. Devi comunque alimentarti in modo equilibrato, e allenarti. Oltre che aspettare con pazienza che la natura sistemi lo scompiglio ormonale.
- SEGRETO n. 35: le tappe della perdita del peso della gravidanza sono strettamente regolate dalla natura prima che dai tuoi sforzi di dieta e allenamento. Non essere negativa con te stessa. Non farti prendere dal panico o dalla fretta. Renditi conto che è una

fase di transizione.

- SEGRETO n. 36: non farti prendere dalla paura di non dimagrire dopo il parto e nel corso dell'allattamento, finendo con l'essere eccessivamente magra, perché non tieni conto del deficit calorico che l'allattamento stesso comporta.
- SEGRETO n. 37: dopo la gravidanza, e gli squilibri posturali che lascia, è particolarmente importante allenare con giudizio e in maniera armonica tutti i muscoli del corpo.

GIORNO 7:
Il segreto per restare in forma tutta la vita

Il segreto per essere in forma per tutta la vita consiste nell'essere consapevole dell'importanza di essere in forma. Non guardare al fitness come un'attività da fare solo in casi estremi, ad esempio per "recuperare" dopo la gravidanza, e solo "se ne hai il tempo". Non considerarlo un'opzione, ma un'esigenza. Se fosse un'opzione, non riusciresti a inserirlo nella tua giornata trovando il tempo libero per farlo.

Perché, come mamma, sarà quasi impossibile trovare tempo libero. Devi considerarlo e sentirlo un'esigenza. Esigenza di essere sana e capace di prenderti cura del tuo bambino senza grossi problemi di salute. Esigenza di essere in sintonia con il tuo corpo, mamma e donna che non teme di mostrare la propria femminilità. Solo allora diventerà uno stile di vita, per tutta la vita.

SEGRETO n. 38: considera il fitness come un'esigenza per tutta la vita. Esigenza di essere sana e capace di prenderti cura del tuo bambino senza grossi problemi di salute. Esigenza di essere in sintonia con il tuo corpo, mamma e donna che non teme di mostrare la propria femminilità. Solo allora diventerà uno stile di vita, per tutta la vita.

Infine aggiungerei che il segreto per essere in forma per tutta la vita è avere il coraggio di esserlo. Ci vuole coraggio a cambiarsi, a sognare una figura diversa da quella che abbiamo e ad impegnarsi per cambiarla, coraggio di non preoccuparsi dei commenti cattivi degli altri, che di solito preferiscono, "gattopardescamente", che tutto sia più manipolabile e che per questo non cambi niente.

SEGRETO n. 39: il segreto per essere in forma per tutta la vita è avere il coraggio di esserlo.

Perché volere essere in forma non è narcisistico o futile

Allenarti, anche solo trenta minuti un paio di volte la settimana, ti mantiene in contatto con il tuo corpo, ti permette di stare in forma, di non invecchiare precocemente, di rilassarti e di mantenere stimolata la tua libido. Insomma, se non ti prenderai cura di te stessa, per arrivare a essere in sintonia con te stessa e al meglio, in senso globale, non sarai mai una mamma migliore.

SEGRETO n. 40: se non ti prenderai cura di te portandoti a essere in sintonia con te stessa e al meglio, in senso globale, non sarai mai una mamma migliore.

Ci sono motivi molto seri per volere stare in forma:

- tanto per cominciare, puoi voler essere in forma per essere attraente, che non è necessariamente una cosa futile. Si può voler esserlo per il proprio partner, come forma di rispetto per se stesse, come gioia di vivere;
- per evitare malattie evitabili come il diabete e l'infarto;
- per stare al passo con le esigenze del tuo bambino ed essere in grado di prenderlo in braccio senza mal di schiena o giocarci insieme senza fiatone;
- per dare il buon esempio alla famiglia intera.

In USA molte voci hanno iniziato a mettere in giro il concetto che

il fitness della madre è la pietra miliare della salute della famiglia. Una mamma in forma educa anche solo con l'esempio positivo. L'obesità infantile e i problemi di salute collegati sono un allarme concreto. Tu, come mamma, puoi fare molto, anzi: puoi essere determinante.
Qual è il tuo specifico motivo per stare in forma? Scrivilo e non perderlo di vista. Ti motiverà ad andare avanti.

....

....

....

Adesso ti elenco io stessa una serie di piccoli motivi per inserire il fitness nel tuo periodo post partum... e per tutta la vita:

- il fitness aumenta le energie aiutandoti a svolgere i mille compiti quotidiani;
- migliora l'immagine che hai di te stessa;
- controlla lo stress;
- ti appaga, facendoti sentire più soddisfatta, anche nel corso stesso della giornata;
- ti rende più calma e sicura, trasmettendo queste sensazioni

positive al tuo bambino;

- ti toglie una buona dose di frustrazioni: soprattutto quelle legate al tuo aspetto, alla lotta con la bilancia, agli abiti che non ti vanno, permettendoti di essere di buon umore con il tuo bambino e il tuo partner;
- rende la tua mente più lucida, aiutandoti a essere più attenta al tuo bambino e a trovare prima le soluzioni a eventuali problemi quotidiani.

Le vere donne sono stupende. Perché non devi credere nello stereotipo "una mamma deve essere grassa e non deve pensare a se stessa"?

Molte donne, soprattutto in Italia, da secoli, pensano di potere essere buone mogli o buone madri esclusivamente se si sacrificano mettendo da parte non solo l'egoismo ma anche l'amor proprio. In questo rientra anche il trascurare la propria persona. Niente di più sbagliato. Prendersi del tempo per la cura personale e per mantenersi in salute non può essere interpretato come egoismo. Mi piace molto un'immagine offerta da uno scrittore inglese, Stephen R. Covey, autore del bestseller *Seven*

Habits of Highly Effective People (1989): dedicarsi a se stessi con attività che promuovono la nostra spiritualità, il nostro benessere e il nostro rilassamento è come essere un falegname che affila la sua sega e tiene tutti i ferri del mestiere in perfetto funzionamento. Trascurare noi stesse arrugginisce la nostra vitalità e smussa la nostra efficacia.

SEGRETO n. 41: prendersi del tempo per la cura personale e per mantenersi in salute non può essere interpretato come egoismo. Al contrario, trascurare noi stesse arrugginisce la nostra vitalità e smussa la nostra efficacia.

In forma per il tuo bambino. L'importanza di avere energie, essere efficienti e felici per crescere un figlio

Seguire un bambino richiede forza, resistenza, flessibilità ed energie. Non pensi dunque che una mamma, per essere una brava mamma, debba essere in forma?

In forma per te stessa: l'arma più importante è l'autostima

Nonostante gli impegni frenetici che adesso hai da mamma, ogni tanto, fermati "ad annusare i fiori", come si dice. Ammira il cielo stellato, leggi un buon libro, coltiva la tua spiritualità dentro e fuori una chiesa, una moschea o una sinagoga. Coltiva la tua interiorità e la tua autostima insieme al tuo fisico. Solo insieme procedono bene.

La tua migliore amica – o la peggior nemica – sei tu stessa

Evita la trappola dell'autocritica o la mania di confrontarti con altre donne. Cerca di fare caso al tuo monologo interiore e frenalo ogni volta che "parte per la tangente", con commenti negativi e critiche distruttive. Può capitarti di farlo nei momenti di stress e sconforto, ma, a dire il vero, non se lo meriterebbe neanche la tua peggior nemica; figuriamoci te stessa! Impara a staccare letteralmente la spina.

Ogni volta che un pensiero deleterio si affaccia alla mente, per esempio: «Non perderò mai più questi ultimi 5 kg!», «Impossibile rientrare nella taglia 42», chiudi gli occhi e visualizza te stessa che abbatte quelle stupide obiezioni. Facile come spegnere la luce e accenderla su uno scenario più positivo. Sii la tua migliore amica: sostieniti, coccolati, cullati come fai con il tuo bebè. Lo meriti anche tu.

SEGRETO n. 42: sii la tua migliore amica invece che la peggior critica e nemica di te stessa: sostieniti, coccolati, cullati come fai con il tuo bebè. Lo meriti anche tu.

In forma per il tuo partner

Le statistiche e i racconti delle amiche non sono un segreto, anche se nessuna di noi lo ammetterà apertamente: temiamo che il partner ci guardi in modo diverso dopo la gravidanza, e magari preferisca una donna più in forma. In effetti, devi tenerti in forma anche per lui. La zia di mia mamma, oltre cinquant'anni fa, ripeteva: «Un uomo è più facile trovarlo che mantenerlo.» Curare la tua persona e l'aspetto, essere fisicamente attiva e in forma, coltivare passione e libido, sono aspetti della tua femminilità che non devi sotterrare con la gravidanza.

Può essere difficile portare avanti bene il rapporto, in mezzo al trambusto e alle incombenze dei primi anni di vita del tuo bambino. Eppure: per quanto il tuo bambino decuplichi l'amore che provi per il tuo partner, la relazione di coppia deve rimanere una priorità. Ricordati che la relazione con il tuo partner è fondamentale anche per il tuo bambino.

SEGRETO n. 43: curare la tua persona e l'aspetto, essere fisicamente attiva e in forma, coltivare passione e libido, sono aspetti della tua femminilità che non devi sotterrare con la gravidanza. Ricordati che la relazione con il tuo partner è fondamentale anche per il tuo bambino.

Un'idea in più

Quando il tuo bambino ti lascia del tempo libero, concedilo a tua volta al partner. Parlate, sedetevi insieme, abbracciatevi. I piatti e i panni da stirare possono aspettare. Organizza una serata per voi due almeno una volta al mese, meglio ancora una volta alla settimana. Il bambino può rimanere con i nonni, gli zii o una baby-sitter. Siate vicini spiritualmente in un piccolo ma prezioso modo ogni giorno: un piccolo gesto, un «Ti amo» per sms, un abbraccio.

Trovare aiuto online: forum e siti web che possono informarti e aiutarti

Al tempo dell'inizio della mia gravidanza, cercai su Google le prime informazioni. Ricordo che, prima ancora di fare il test, avevo letto quali fossero i sintomi della gravidanza sulla pagina di un sito, perché non sapevo darmi spiegazione della nausea che avvertivo al risveglio e dell'impossibilità di sopportare la mia collega che puliva la scrivania con un alcol dall'odore nauseabondo. Continuai poi a leggere e utilizzare programmi online, come quello per stabilire la data presunta del parto. Subito incappai anche in un forum molto simpatico, perché raccoglieva le compagne di pancia a seconda del mese del probabile parto: io ero nelle "mamme di luglio".

Ogni giorno aprire la pagina del forum e trovare che tante altre donne stavano vivendo la mia stessa esperienza era un grosso supporto e una piacevole compagnia. Quel gruppo di discussione ha poi dato vita a un proprio forum: "Luglioline 2007"; e tutt'oggi siamo in contatto, raccontandoci tutto quanto verte intorno alla crescita dei nostri bambini nati in quel mese di quell'anno.

Questo per dirti che in Internet avrai un'enorme fonte di informazioni, oltre che un mezzo per collegarti ad altre mamme come te per svago o per cercare un utile confronto. Utilizza il tutto con criterio, ovviamente. Qui di seguito segnalo alcuni link di siti che ritengo piuttosto buoni. Non vuole essere una pubblicità, né una classifica di merito: quindi prendila semplicemente come un appunto dal mio “bookmark” dei siti preferiti.

Forum di mamme:

Al Femminile, sezione Gravidanza

Siti sulla gravidanza in lingua inglese:

www.americanpregnancy.org

Siti sulla gravidanza in lingua italiana:

www.gravidanzaonline.it

Fare amicizia e creare un supporto con le altre mamme

A volte basta poco, anche solo sfogarsi raccontando, oppure vedere i nostri stessi problemi accadere ad altre donne, e valutando le altre persone si è sempre più obiettive, chissà perché… Altre volte puoi trovare un consiglio, un’informazione utile. Apriti con le altre mamme; fate amicizia. Adesso che hai il tuo bambino è facilissimo: al parco, nella sala d’attesa del pediatra, all’asilo, su un forum online.

Attenzione però alle dinamiche “negative” di gruppo. Ad esempio, quella che in inglese si chiama “peer pressure”, e che io tradurrei con “accomodamento alla mediocrità”. Se la maggior parte delle mamme tue amiche è sovrappeso, inconsciamente non vorrai essere la voce fuori dal coro, non vorrai sentirti diversa. Preferisci essere anche tu in sovrappeso, per poter parlare male di quelle mamme in forma che non si sa come trovino tempo pure per truccarsi e allenarsi. Non farlo. Impara dai migliori. Fai in modo che le dinamiche di gruppo che agiscono su di te siano quelle positive. Frequenta persone positive e prendile come modello.

SEGRETO n. 44: impara dai migliori. Fai in modo che le dinamiche di gruppo che agiscono su di te siano quelle positive. Frequenta persone positive e prendile come modello.

Non sposare la mentalità della vittima, e non arrampicarti sugli specchi facendo finta di razionalizzare. Facile dire: «Ormai ho avuto una gravidanza, mi si è allargato il bacino, la cellulite non andrà mai più via…» La prima persona a cui non puoi mentire sei tu. Per tutti gli altri le tue scuse sono perfettamente indifferenti, oppure rimangono, per l’appunto, scuse.

RIEPILOGO DEL GIORNO 7:

- SEGRETO n. 38: considera il fitness come un'esigenza per tutta la vita. Esigenza di essere sana e capace di prenderti cura del tuo bambino senza grossi problemi di salute. Esigenza di essere in sintonia con il tuo corpo, mamma e donna che non teme di mostrare la propria femminilità. Solo allora diventerà uno stile di vita, per tutta la vita.
- SEGRETO n. 39: il segreto per essere in forma per tutta la vita è avere il coraggio di esserlo.
- SEGRETO n. 40: se non ti prenderai cura di te portandoti a essere in sintonia con te stessa e al meglio, in senso globale, non sarai mai una mamma migliore.
- SEGRETO n. 41: prendersi del tempo per la cura personale e per mantenersi in salute non può essere interpretato come egoismo. Al contrario, trascurare noi stesse arrugginisce la nostra vitalità e smussa la nostra efficacia.
- SEGRETO n. 42: sii la tua migliore amica invece che la peggior critica e nemica di te stessa: sostieniti, coccolati, cullati come fai con il tuo bebè. Lo meriti anche tu.
- SEGRETO n. 43: curare la tua persona e l'aspetto, essere fisicamente attiva e in forma, coltivare passione e libido, sono

aspetti della tua femminilità che non devi sotterrare con la gravidanza. Ricordati che la relazione con il tuo partner è fondamentale anche per il tuo bambino.

- SEGRETO n. 44: impara dai migliori. Fai in modo che le dinamiche di gruppo che agiscono su di te siano quelle positive. Frequenta persone positive e prendile come modello.

Conclusioni

Infine, un consiglio dalla trincea: per molte donne la gravidanza segna l'inizio della fine: mai più una taglia 42, mai più un fisico attraentc, talvolta anche la rinuncia a vestirsi in maniera carina. Molte donne, terminata la gravidanza, hanno paura di togliersi la "maschera" di un fisico grasso, di un seno cadente, delle smagliature, delle vene varicose e della cellulite.

Altre donne, oppure a volte le stesse, aumentano in gravidanza di 20, 25 o 30 kg. Metà li perdono, metà non li perderanno mai. Ad ogni gravidanza successiva, portandosi dietro i medesimi errori, lo stesso stile di vita errato e la propria scarsa autostima, continueranno ad aggiungerne. Suono troppo severa?

Sì, perché so che è fonte di sofferenza per molte di loro, troppe, e perché, anche solo impegnandosi poco, ma nella giusta maniera, possono ottenere un risultato di cui andare contente, senza dovere barattare con la maternità un fisico in cui si sentono a loro agio.

Se mi hai letto e mi hai permesso di dimostrarti come fare, anche solo raccogliendo e applicando un piccolo consiglio, ne sarò fiera.

Rossella Pruneti

www.ingramcontent.com/pod-product-compliance
Ingram Content Group UK Ltd.
Pitfield, Milton Keynes, MK11 3LW, UK
UKHW022028190726
13853UKWH00005B/2159